咔嚓！
决定的
瞬间

美感体验从小开始

Click!
The decisive moment

Having an aesthetic experience since childhood

摄影家、媒体教育老师

林东生 著

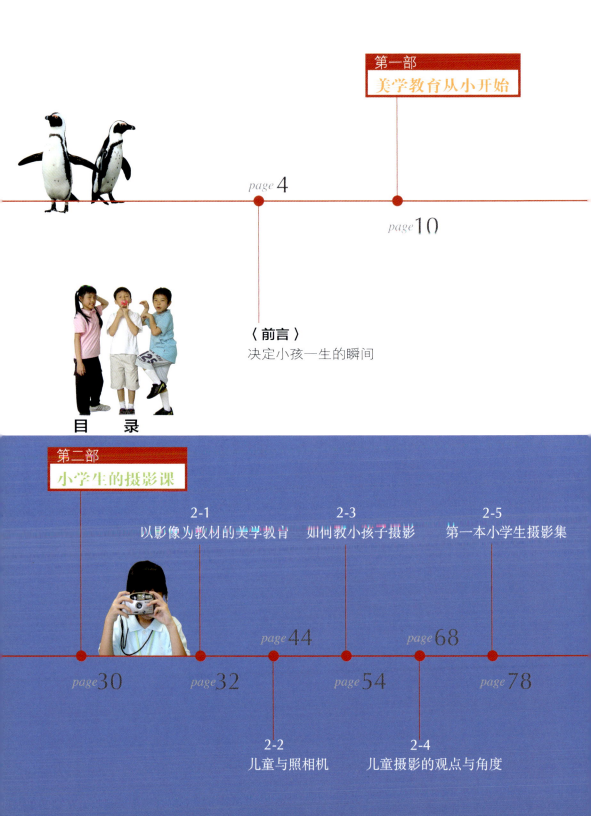

决定小孩一生的瞬间

2006年7月11号上午，我坐在一列从台北开往台东的火车上。这一天的天气很特别，台风"碧利斯"正迫近台湾，所以东部的天气非常不稳定，忽而阳光普照，忽而乌云密布，忽而下起大雨。这种多变的天气，正是摄影的好时机。虽然列车正高速行驶，我已经忍不住，不断拍摄。我跟身旁的朋友说："今天我所拍的东西，就可以出一本摄影集。"

用光线来作画

进入花莲境内，风景愈来愈美！看到蓝色的海湾，也看到绿油油的田野，偶然又拍到一些污染环境的工厂！我旁边坐着一位牧师，其实今天我去台东，就是要拍摄教堂建筑。怕他闷，我买了一份八卦报纸塞给他看，他平常是不看这种报纸的，也没时间看！没想到他打开报纸，内容惨不忍睹！他特别注意到一宗谋杀新闻：一个妇人被他的新婚丈夫杀死。牧师不断摇头叹息，这起社会新闻"图文并茂"，实在太不堪了。我看到他难过的样子，偷偷把另外一则更刺激的新闻藏起来，不敢给他看。

这则新闻的内容是，一个明星高中的男学生，因为他就读明星女中的女朋友要跟他分手，竟然把他们赤裸裸、不堪入目的画面散布到网络上作为报复。这则新闻让人痛心疾首，我们的明星高中生怎么堕落到这步田地！

我身为摄影教师，心情更加沉重。这几年来，我一直在教导小朋友拍摄正面的题材，特别是光明美好的事物。不过现实世界的情况是，不少人利用相机来做坏事，来拍摄一些黑暗丑陋的东西！我常常对学生强调：摄影是神圣的，因为摄影的定义是用光线来画画。

"怕照相"的小男孩

当时，我正在写这本教导小学生摄影的书，两天之后就要完稿，可是我似乎写不出最关键有力的一部分！我不知道怎么去说服社会大众、教师与家长：小朋友学摄影是重要的！坐上火车之前，我一直思考，我还可以写出什么东西，我还有什么可以讲的？家长都期待子女成龙成凤，希望小朋友学好重点科目。而教育界就像一艘大邮轮，拐个弯都要花很久的时间，更何况是增加一门陌生的课程。其实那一天，我感到有点沮丧，因为马上就要交稿，可是我没有灵感！我把沉重的心情投射在窗外的景色上，所以我不停地拍照！

从台北到台东火车要开6个多小时，我注意到有一个小孩子一直看着我，他甚至探头探脑偷听我与牧师的谈话，我们讨论的话题是多么严肃，这个小学生怎么可能听得懂。再加上我心情不好，也不打算跟这个小朋友说话。后来我刚好要去洗手间，回来的时候看到这孩子在与牧师说话，牧师倒是对他很有兴趣，可能跟小孩子谈话比较轻松吧！这男孩说他天不怕地不怕，他不怕狗不怕猫，也不怕老鼠或蟑螂，什么都不怕，我问他："你怕不怕老师？"他说："全校老师我都不怕。"他就读于台北县土城的一所小学，今年才要升四年级。这时候，我从口袋中拿出一个小型数码相机，一对准他，他就逃。原来，他什么都不怕，就怕拍照！

掌握事物关键的一刻

没有几分钟，小男孩儿又回来了。我教儿童摄影已有三年，这时候也忍不住，花了一分钟的时间指导他如何使用照相机，然后请他替我拍照！我自己用另外一台相机拍摄他。这时候小男孩变得大方自然，操作手上的相机很快便驾轻就熟。我问他以前有没有用过照相机，他说从来没有，我非常高兴地对他说："小朋友，你要记住，要用照相机拍摄美好的事物，我祝福你，以后成为摄影大师！"这时候火车刚好要进入台东火车站，我还来不及问他的名字，他的阿嬷就带他下车了，之后便没再见到他。或许，这短短几分钟的相遇决定了这个孩子的一生。他不一定会成为摄影师，可他会是一个珍惜摄影，把摄影用在正面事物上的人。

法国摄影家布列松（Henri Cartier Bresson）的名言"决定性的瞬间"（The decisive moment），是指摄影师在拍摄的时候要掌握事物关键的一刻，早一秒或是晚一秒，都会有不同的结果。我记住这句话，常常用在我的摄影，以及儿童摄影教学上。让你的孩子在小学阶段学习摄影，可以

在视觉经验、美感体验上决定他的一生。我希望所有小朋友都能听到我在火车上对男孩儿讲的话，用摄影去记录美好光明的事物，而且从现在就开始。因为等到他们长大之后，学到的只是摄影技巧，不是摄影真谛！照相机绝对不只是一个工具，它可以是儿童健康成长的一盏明灯。

从天空出现的光芒

这一天，在日落前最后一小时，我在花东纵谷拍到许多难得一见的画面，其中很有趣的是一场暴雨。当时我们在开车，我请开车的朋友把车停在路边，本来是要拍摄田野风光，忽然一阵暴雨从远方而来，来得快去得也快！雨点打到我们头上，像小珠子那么大，可是不到两分钟，这一场雨就过去了！雨虽然走了，但是我抓到了决定性的瞬间。

就在天黑进入花莲市区之前，我拍到了"耶稣光"（这是摄影的术语，指从天空出现的光芒），我记得十几年前在青海湖看过一次，没想到今天在花莲能再次邂逅！这些来自天空的光线，好像一把扇子从天而降，非常美妙！欣赏到这种美丽的光线，我不后悔自己成为一个摄影师。我已经不知道经历过这种感动有多少次！然后我十分确定，我要把这种感动，这种视觉美感的震撼，与所有的小孩子分享！

有一次，我与朋友驾车在美国马里兰州（Maryland）的高速公路
上，中途想休息一下，这张照片便在那时候拍了下来，是个偶然的
发现。两旁绿色的柳树烘托着中间亮橘色的秋叶，看起来像是人工
设计，其实是浑然天成。

第一部

美学教育从小开始

Chapter 1-1

天哪!
我竟然成了一名小学老师

其实，天空的颜色一直不断
地变化。这是清晨5点钟的
天空，看起来非常美丽。拍
照地点是在内蒙古一条小河
边。喜欢紫色的人特别青睐
这张照片。

这棵树几乎没有树叶，在正常的情况下，我不会对它
感兴趣，可是在太阳下山之后，紫红色的天空让这棵
树散发出一种神秘的美，不同凡响，我忍不住把它拍
了下来。可见光线色彩的变化，可以把平凡的事物变
得美不胜收。

开学第一天，我站在教室门口，看着里头那群平均年龄只有六岁的小孩子，心里感到害怕与极度的不安；我在门口虔诚地祷告·"上天，请你帮帮我，我实在不知该怎么做，求你帮助我平安度过！"

　　三年前的某个晚上，我意外接到一通电话，那是我以前的校长从香港打来的。他劈头就说："你可以回香港教书了！"我还来不及反应，他接着说："一所梦幻学校诞生了！"

重返校园

　　这位校长是个艺术家，很喜欢做梦，他办学充满了想象力和创意。老实说，我有点半信半疑。

　　他告诉我，一所几乎完全摆脱传统束缚的学校诞生了！这是所新型态的学校，有点像台湾的实验学校，是香港教育改革下的最新产物。在香港，这种学校叫"直资一条龙"，从小学直升到高中。

　　当时，我还搞不清楚这是一所什么样的学校，校长听出我的犹豫，一再强调："这是一所有充分自主权的学校，课程可以由老师自行制定，办学模式与传统学校完全不同，充满新意。我保证你会喜欢！"

　　我离开香港教育圈已经很多年，我实在受不了填鸭式的教育制度，以为从此不会在香港教书；但校长这番自信满满的话，让我心动了。这所学校是从小学一年级开始，学生一直学到高中。我并没有教小学的经验，于是，我跟校长说："我不想当小学老师，等中学开办了，我再回来教。"校长立刻表示："你先回来吧！帮忙做点课程上网的工作，等到中学开办时，你就正式当老师。"我欣然同意。

　　在三年前的夏末，我从台湾飞回香港。开学前几天，校方对我说："我们是新办的学校，人手暂时不够，你先勉为其难，暂时当小学老师。"我有点不能接受，但最后还是答应了。（后来才知道是好事！）

在教室门口祈祷

　　第一年，我教的是小一中文与媒体教育；其后两年，我只教媒体教育。我毕竟教过中文，对教中文有把握；但是媒体教育，而且是小学一

年级，我真不知从何下手。

　　开学第一天，我站在教室门口，看着里头那群平均年龄只有六岁的小孩子，心里感到害怕与极度的不安；我在门口虔诚地祷告："上天，请你帮帮我，我实在不知该怎么做。求你帮助我平安度过！"

　　头三个月是适应摸索期，我必须学习怎么做一名小学老师。校长盯得很紧，我不能有任何闪失，不少家长来自教育界，他们的要求很高。事实上，我最怕的是小孩子出意外，他们时常在教室里跑来跑去，一天到晚吵着要上厕所，累了就睡，有人连枕头也带来了！他们不但不怕我，还会欺负我。

　　即使如此，我必须承认：小孩子都是天真可爱的。教了三年之后，我很喜欢当小学老师，现在，我已经知道怎么去教导小朋友了。我曾经不知所措，但从实际教学当中，我学到很多教学方法，并且完全颠覆之前的教育观念。

灵机一动教摄影

当小学老师是一次全新的经历，其中最特别的是媒体教育这一科，我能够找到的参考资料非常有限，我曾经问校长，有没有这方面的教科书？他说，你自己写就有。

由于我本身是个旅游摄影师，对摄影最熟悉，我灵机一动：摄影也是一种媒体，我就教他们摄影吧！于是，小一媒体教育成了摄影教育。我以前的学生都是成年人，有大学生，有上班族，也有老人家；然而教这些小孩子学摄影，还是破天荒头一遭，刚开始真有点冒险。冒险就冒险吧！大不了丢了这饭碗。我决定豁出去，尽力而为，好好地教；这个摄影课程，玩真的！

上课第一天，我对学生们说："相机不是玩具，不能掉以轻心！一位好摄影师，不会摔坏相机，更不会弄丢；相机是重要的创作工具。"我知道我教得有点深，讲得有点难，但是没想到，学生大部分都跟得上。

这堂课对学生们来说，非常新鲜、充满吸引力；我也教得很开心，这课比教中文有趣多了！

一年后，我只教媒体教育，所有的学生都跟我学摄影！我这个"暂时"的小学老师，竟"暂时"当了三年，更没想到，我真的乐在其中。

起初我很谨慎，怕家长反对，不敢叫学生买相机。毕竟，这是创新的课程，没有先例，家长可能无法接受；我情愿自己提供摄影器材，若摔坏了算我倒霉。却没想到，课程进行了一段时间后，大部分家长都乐意买数码相机给小孩子。我们学校的小学生几乎人手一"机"，他们不断拍摄了许多作品。三年后，学校为学生出版了一本摄影集，这是香港教育史上，第一本小学生摄影集，得到了家长与教育界不错的评价。

挖掘小朋友的潜力

原本我以为自己无法胜任小学老师的工作，战战兢兢教

了三年，随时准备被炒鱿鱼；怎知，后来我竟成了一位颇受关注的小学老师。我的摄影课，被视为充满创意的课程，学生和家长反应很热烈。我仔细思考过，成功的关键并不是我教得有多么好，而是小朋友的摄影潜力被发掘出来了。小孩子本来就对许多事物充满好奇，镜头外永远在变化的世界，正好可以满足他们的好奇心。另外，数码相机的操作愈来愈容易、简单，如今各种条件已成熟，小孩子学习摄影完全没问题。

　　小孩子成功学会摄影，算是让我保住了饭碗，不过，这碗饭并不容易捧。由于小学摄影课前所未有，我也曾受到不少质疑，有来自家长、老师、以及教育部门。最普遍、典型的问题是：摄影课对小孩子的语文能力有帮助吗？小孩子需要学摄影吗？曾经有同事建议我，减少摄影课的时数，让学生多学点英文。

　　　　　　　　　　　其实大家都明白，我们的小学教育重心还是放在主要科目。几年来，我必须不断向外界解释，小孩

子可以学摄影，学摄影不会妨碍他们的语文能力。我甚至要能证明，在学习摄影的过程中，同时可以提升语文能力；我也得向教育部门证明，摄影课可以提升工商界的竞争力。虽然，这原本并不是我教学的目的。

我感谢我的学生，因为他们的努力与专心，对摄影课的兴趣，用心拍出好作品，帮助我渡过一切难关。学生摄影集问世后，所有的质疑消失了！甚至有家长对我说，连他们都想跟我学摄影。我感到飘飘然，有点不可思议！我这个"暂时"的小学老师，竟然站稳了！

早安，林老师！

这张是中国江南的田园风景。我爬到一个小山丘上拍摄，居高临下，农田看起来像女子手中的刺绣，有图案之美。从这张照片中，学生明白从高处向下拍照的好处，摄影师常常要走向高处，需要具备很好的体力，我同时也鼓励学生多运动。

我糊里糊涂当上了小学老师，有点战战兢兢，也有点难以置信；常常一早醒来就问自己："我真的是小学老师吗？"这时仿佛有个声音对我说，"是的。早安，林老师！"于是，我赶紧爬起来打理好一切，钻进那拥挤不堪的地铁。

我糊里糊涂当上了小学老师，有点战战兢兢，也有点难以置信；常常一早醒来就问自己："我真的是小学老师吗？"这时仿佛有个声音对我说："是的。早安，林老师！"于是，我赶紧爬起来打理好一切，钻进那拥挤不堪的地铁。

创意与爱心

这一切都不算什么，因为我真正在意的是：如何做一名成功的小学教师？

在我们学校的老师当中，有不少是博士级，甚至拥有教育博士的头衔，不过大家都很忙碌，不可能有时间指导其他老师。我虽然努力阅读进修，但参考书并没有带给我太大的帮助。于是我采取"且战且走"的策略，一边教一边学，有时候暗中参考同事的做法，有时候就靠"无师自通"。这是一所新办的学校，本来就

没有既定框架，可以发挥的空间很大。我起初很保守，但求不犯错，后来我反守为攻，因为我不想只当个平凡的小学老师，我要当个有创意的小学老师。我希望孩子们真的学到一辈子受用的东西，我设计了一些有趣的教案，带动小学生们的兴趣。

在学校，我颇受小学生欢迎，不是因为我教得特别好，而是小孩子都不怕我，我不骂人，只用温和的方式教导。记得有一次，我一个人在办公室，几个小学生偷偷溜进来，躲在一旁紧盯着我瞧，带头的对其余同学说："这是林老师，他从来不骂人的，你们不用怕！"原来我在学生中间，是以不骂人出名，怪不得我教得那么辛苦！这些小学生都很可爱，和他们相处，仿佛与一群天使为伍。当然，其中也有不少是"捣蛋天使"，惹麻烦的时候，会把人气疯，但是一看到他们天真无邪的脸庞，骂人的话都活生生吞了下去！

教育是门艺术，有些事情恐怕是学不来的，只能心领神会。我爱孩子，他们很容易感受得到。这种爱是发自内心深处，自然流露，我想这

种态度应该就是当小学老师起码的条件吧！

怎样的老师，教出怎样的学生

　　教了小学，我很快发现一件事：老师一切的言语、行为、态度、习惯，甚至连发脾气的方式，都会成为小朋友模仿的对象。我是怎样的老师，就会教出怎样的学生。第一年，我的学生平均只有六岁，他们的模仿力惊人，学习能力非常强；这时候，我深深领悟，我的责任重大！

　　这三年小学老师的经验，让我知道一定要尊重孩子，千万不要看他们小小年纪，就忽略他们的想法；答应他们的事一定要做到，因为你忘记的，他们全都记得，而且是永远记得。我曾经答应其中一个班，要给他们看澳大利亚鳄鱼的照片，讲完我就忘了，之后每次上课，他们都问："鳄鱼照片呢？"我尴尬地推说下一次再看，结果他们每次都继续追问，直到我兑现承诺。

　　不知是谁说过的一句至理名言："要孩子听话，先听孩子的话。"小学老师很容易采取命令式，有时候忙得晕头转向，失去耐心听小孩讲话。然而你不听他们讲话，他们是不会接受你的。尤其现代的小孩，思想、性格比较早熟，有"自我"意识，所以想要当好老师，必须先了解你的学生，听他们说话，即使是六岁的小孩子也不例外。

　　此外，要让小孩子自由发挥，这应该不只适用于摄影课程。权威式的管理虽然可以维持教室秩序，老师教学也方便；可是，小孩子的天性是好动的，教室里鸦雀无声，并不表示老师成功。我上课的时候，几乎是永无宁日，很少可以完全让学生安静下来。我自己喜欢自由，也不想压抑小孩子的自由。我发现他们若对这一课有兴趣，自然会依照老师的指示去做，甚至是争先恐后；要是没兴趣的话，他

们就开始自己找乐子，画漫画、与旁边的同学聊天、老是跑厕所。所以出现这些情况，表示课程不吸引人，我就会自我检讨。我不希望用强制的方式，让学生听我的。我若压抑他们，他们反而会失去兴趣；如果我改善教学的内容，他们有可能变得专心，我的摄影课常常可以实现这个目标。

走进孩子的内心世界

当了小学老师，我的教学观念与方式也改变了。以前指导成年学生时，通常都是学生伺候老师；成为小学老师后，我学会了服侍学生，我也必须这么做。如果有学生尿裤子，我就得处理状况，替他换裤子，第一次拎起小朋友尿湿的裤子时，真的很不习惯，可是当小学老师，就是要当保姆，要学会照顾小孩子。小孩子不会管你的学历，他们只在乎你当时的态度。

三年来小学老师的生涯，点点滴滴回味在心头，有几件事尤其令

我难忘。例如有一次，我目睹一个小孩子，在操场奔跑时摔倒，撞破了头，立刻血流满面，在陪他等待救护车的时候，我把这个镜头拍下来。后来他才完全康复了。我以这个画面当作教材，解说摄影记录的功能。然而我很快便发现这并不适合，画面有些血腥，且是一个颇具争议性的题材。这一刻我想到，很多导演喜欢拍血腥暴力的电影，他们大概没有面对过孩子惊恐的反应，也不曾考虑这对幼小心灵的影响吧！

　　经过了三年，我终于慢慢走进儿童的内心世界。如果有人说，小学老师谁都可以当，他一定完全不懂儿童教育！在这个人生发展关键的教育时刻，有谁可以决定孩子的未来呢？衷心期盼世上所有的小学老师，都能尽心尽力爱小孩、教好小孩。

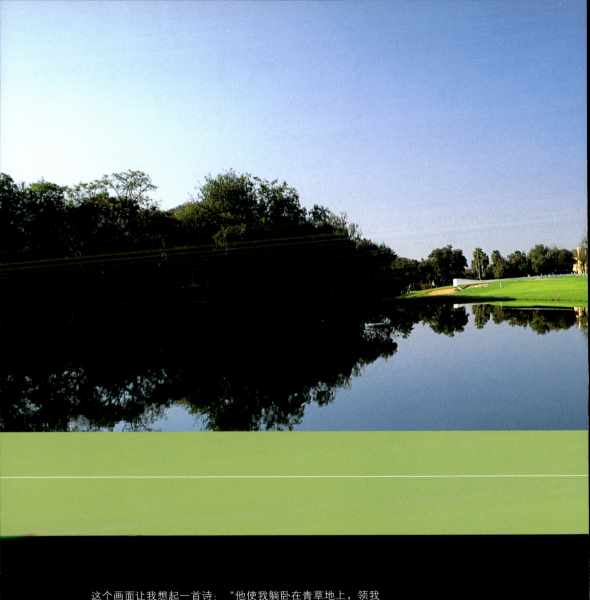

这个画面让我想起一首诗："他使我躺卧在青草地上，领我在可安歇的水边。"我当时真的躺在草地上、湖水边，感觉很舒服，忘记所有的烦恼，亲近大自然，这是一种高级享受。我希望我的学生也能得到大自然宁静安稳的熏陶。

第一部

小学生的摄影课

以影像为教材的美学教育

九重葛是台湾常见的花，据说是马偕博士引进的，原产于美洲。这张照片中的九重葛是在南非拍的，花色鲜艳夺目，充满热情与生命力，用来作为教材再好不过。这里的九重葛，比一般半房还要大，而且到处都是，照相机根本拍不下，我只能鼓励小朋友：有一天亲自去南非看看！

鸵鸟是世界上最大的鸟，可是却不会飞，也许鸵鸟不甘心，它向上帝投诉；上帝怜悯它，让它成为世界上跑得最快的鸟。不过有学生不同意，认为鸵鸟跑得快是因为它不放弃，所以努力奔跑，想利用快跑的速度，让它最终可以一飞冲天。

我有个学生，特别喜欢摄影课。有一次，他接受媒体的访问，记者问他，你为什么喜欢摄影课？他说，拿起照相机，我可以立即创作，很有成就感！他只有七岁，小学二年级。另外有一个小女生，提到"我的志愿"时，她跟记者说，她将来要当护士，一个很会摄影的护士。

我有很多的演讲机会谈自助旅行、谈摄影艺术与人生价值。最近，我谈得最多的是小学摄影教育。

我常常向听众发问，有谁在小学时学过摄影？请举手。从来没有一个人举手，因为基本上，小学课程是不教摄影的。大家都认为摄影是成年人的事，小孩子不能碰照相机。很多家长告诉我，他们怕小朋友把照相机摔坏。从前，小孩子乱碰照相机就会挨骂，几乎没有人想到小孩子也可以学摄影。

教小学生摄影，首开先例

我在小学开摄影课，无意中打破了纪录，开创先例。我可能是第一个在小学正式课程教摄影的老师。

我有时会受到质疑，有来自家长、教育部门，甚至同事。他们共同的疑问是：为什么要教小学生摄影？摄影课有什么用处？他们不会问：学英文有什么用？学中文有什么用？学数学有什么用？这些是重要科目，所有人都重视，而学生大部分的时间精力也都放在这些主要科目上。

我必须回答这些问题，否则教不下去。首先，摄影是个很有趣的科目，早就该开

摄影小叮咛

父母拍得好还是孩子拍得好？至少在数码摄影来讲，很多孩子拍得比父母棒。现代的数码相机功能愈来愈多，而使用手册也愈来愈厚，各式各样的按钮叫人眼花缭乱，但小孩却不怕，他们反而更容易上手。

就是因为内地很美，我先用长镜头拍了一张，再用广角镜头拍第二张。教学的时候，我让学生比较两张照片，让他们学习长镜头和广角镜头的特性，还请大家举手投票，看他们比较喜欢哪一张，结果势均力敌。两张都有数量相近的支持者，可见长镜头和广角镜头各有好处，长镜头让风景更有层次，广角镜头则让风景显得很开阔。

班，以前不开是因为时机尚未成熟。记得我念小学的时候，照相机又贵又笨重，小孩子几乎不可能使用；要小学生学摄影，等同于要他们学开车，确实不适合。

可是这年头，数码相机大行其道，很多手机都附有摄影功能，照相机操作愈来愈容易，小孩子拍照一点也不难！小学没有这个课程，是因为过去一直都没有，我非常偶然地开此先例。我相信未来很多小学都会有摄影课程，也许以课外活动的形态，或是与美术课（美劳课）结合，不管是什么方式，小学生学摄影的时机已经成熟了。

小学生为什么要学摄影？

因为摄影可以充分满足小孩子的好奇心。摄影与画画大异其趣，它是一种动态活动。通常画画时你要安定地坐好，摄影则必须跑来跑去，测试不同的角度，寻找不同的题材；不愿走动的人很难拍出好作品。不可否认，小孩子大多天生好动，当他们拿起相机，个个都爱不释手。

现在，不少小孩有过度活跃的倾向，严重的甚至是一种症状，在台湾叫"过动儿"。学校里，过动儿往往是老师的梦魇，

摄影小叮咛

告诉小朋友照相机不是玩具，是重要的创作工具，一定要好好保护，把照相机摔在地上的，不会是好摄影师。

色彩缤纷的秋树，鲜艳夺目。我第一次放给小学生看的时候，他们误以为这是春天，因为先入为主的观念是：春天才有那么多颜色！我用摄影作品证明秋天的色彩同样丰富。

不知道要怎么处理，这让许多老师伤透脑筋。我很惊讶地发现，摄影课可以安抚过动儿，只要把照相机交给他们，随他们自由拍摄，镜头外的世界变化不断，永远有新事物、新景观，题材无穷无尽。我不敢说摄影可以治疗过动症（过度活跃症），但至少能让他们自在一点。后来，一次很偶然的机会，我成了一个艺术治疗团队的顾问，进一步接触了视觉艺术治疗这门科学。此外，对于有自闭症倾向的学生，摄影是很好的启发教材，因为摄影本身也是很自我的；拿起照相机，你要拍什么就拍什么，有让自我充分发挥的机会。

至于一般的小学生，摄影可以训练他们眼疾手快、身手敏捷，有一句摄影专用语——决定性的瞬间（The decisive moment），意指掌握时机就是摄影的成功关键，谁说摄影课没有用呢？

"我的志愿"可以很美丽

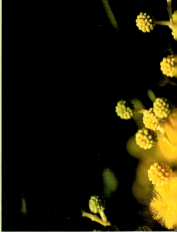

　　此外，摄影也是一门视觉艺术，跟绘画一样，可以作为小学生美学教育的内容。小学一直有美术课，主要是画画与剪贴之类。小时候，我想当画家，我很喜欢凡·高、莫奈、米罗和达利等画家的作品。我曾经学过素描，那是绘画最基础的课程，我对着一个石膏人头像画了老半天，怎么画都不满意。最后我必须承认：在绘画上我没有足够的天分。后来我拿起了照相机，却有一种得心应手的快感！摄影真好玩，因为摄影，我旅行了很多国家；因为摄影，我出版了很多摄影集；因为摄影，我变成了小学老师！

　　我相信摄影可以给一些没有绘画天分的小朋友一个机会，不会画画也可以创作视觉艺术，会画画的更可以通过摄影，增强他们观察和构图的能力。事实上，早期很多摄影家同时也是画家。

　　我有个学生，特别喜欢摄影课。有一次，他接受媒体的访问，记者问他，为什么喜欢摄影课？他说，拿起照相机，可以立即创作，很有成就感！他只有七岁，小学二年级。另外有一个小女生，提到"我的志愿"时，她跟记者说，她将来要当护士，一个很

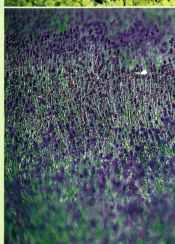

鲜黄色是非常吸引人的颜色，每次我放映这张照片，很容易引起学生的注意。拍摄地点在南非的山区，发现这黄花的那一刻，我深受感动，黄花仿佛在对我说："先生，你看我多漂亮，把我拍下来吧！"我不但拍了下来，还经常和其他人分享这张照片。不论多美的东西，如果不能分享就没有意义。

列支敦斯登是欧洲的一个小国家，通常游客停留不超过两小时，大都会到当地购买邮票作纪念。我没有买邮票，而专注于摄影，并拍下这座美丽的花圃，透过这张照片，我也顺便让学生大略认识这个位于奥地利与瑞士之间，面积只有160平方公里，人口仅3万多的欧洲小国。

紫色薰衣草是北海道夏天的象征，薰衣草花海十分壮观，每年都吸引大批观光客涌入北海道。薰衣草不但好看，用途也很广泛，可以泡茶、美容，当香料使用，甚至能制作成美味的薰衣草冰激凌。透过这张照片，我让学生多了解薰衣草，他们也兴起前往北海道观赏薰衣草的愿望。

会摄影的护士。

摄影可以满足小孩子的好奇心，给他们充分活动的机会，让他们即席创作。小小年纪拍出一些令成年人刮目相看的作品，多有成就感！多有满足感！很多小朋友通过学习摄影，变得很有自信，谁说摄影不应该出现在小学的课程中？

从发现美的世界开始

绘画是美学教育的主要项目，应该继续保留，甚至加强。可是，既然学习摄影的客观条件已经成熟，让小朋友学习摄影，不仅能丰富小学的美学教育，也更加符合现代教育的需求。何况，摄影的纪实功能比绘画强，让小孩子在真实世界里培养美感是很好的视觉艺术教育。

谈到美学教育，我希望在摄影课程中，教导小朋友发现世界的美。我告诉他们，美丽的东西无所不在，等待他们去捕捉。不可否认，这世界也有丑陋的一面，但是我希望小朋友先看到美丽的一面，让美丽先入为主，因为当他们长大之后，自然就会看到世界的黑暗面。先看到美，知道有美的可能，可以帮助他们建立正面的人生观。

因为我是旅行摄影师，在世界各地拍了很多美丽的摄影作品，它们都成为我现成的教材。我常常与小朋友分享这美丽的世界，大自然的一草一木、天空的云彩、雄伟的高山、翻滚的浪花、蔚蓝的海水、翠绿的原野、美丽的森林，还有各式各样的鲜花。自然的景观，无穷无尽的美，都成了摄影教学的题材。这么多年辛苦拍摄的作品，现在都大派用场了。

成为小学老师之前，我旅行世界各地多年，经常在各机构做影像分享，从医院到监狱，从学校到科技公司，什么阶层的听众都有，我发现影像是一种超越语言文字的媒介，几乎所有人都对影像有反应。我的摄影分享反应颇佳，可以想象当我把这些作品放给小朋友看的时候，对他们的影响有多深。这种影响是一生都不会消失的。

过去三年，我曾经教导了大约600个小朋友学摄影。有一次，我有机会与教育局的高层对话，我预言未来香港会出现一批新的

这是美国西部的布莱斯峡谷（Bryce Canyon）国家公园。照片的下方看得见两个人，如果走路看这个公园，可能几个月都看不完。石头的颜色是红的，奇形怪状，还衬着一点白色的积雪，又是一幅浑然天成的美景。我真想像那两人一样，用步行的方式在这个公园旅行。

摄影小叮咛

一开始我们都会让小朋友使用小型相机，可是也有不少小朋友对专业型的单反照相机很感兴趣。至于是否让他们使用，要考量他们的体力，如果体力好，让小朋友使用专业照相机是可行的。

摄影家，如果不信，看看我学生的摄影作品吧！（参见"学生作品赏析"。）

美好的事vs.丑陋的事

回想刚开始教摄影时，我以为小朋友都很单纯，不用我说，他们也会寻找美丽的题材，譬如花草树木、蝴蝶小鸟、鲜艳的色彩等，其实并不尽然。记得有一次，我给一个小男生照相机，让他自由寻找题材，没想到他跑到洗手间，拍了十分不雅的画面，我立刻制止，并且删除了那张照片。可见，看起来天真的小孩子，你不好好教导他，他一样会用照相机做不好的事。谈到利用摄影做坏事，其实大家都明白，摄影只是工具而已，可以借此做光明的事情，也可以做黑暗的事情。

有些人瞧不起摄影，就是因为有人把摄影用在丑陋的事上。摄影教育其中一个目的，就是用摄影来记录世界的光明面，用摄影来完成美好的事情，而且最好从小开始练习。我正在从事这件事，而且做得很开心，因为我知道，这是很有意义的。

如果你没时间去旅行，请你抬头看看天空，无论何时，天空都在变化，随时可以有新发现。每个人头顶都有一片天，可是住在城市的人，低头赶路的多，抬头望天的少。这是南非的天空，层云密布，却留下一个小天窗。我想起中国的一句老话——"打开天窗说亮话"，天已经打开了，只是没有几个人发现。

大约早上六点钟，我睡在澳大利亚中部平原的一个小旅馆，不愿起来。忽然我的一个学生跑进房间，叫醒了我，他说："外面的云彩很好看！你一定不要错过！"我立刻提着照相机冲了出去，果然，眼前是一片壮丽的日出！每一朵云都被染成红色，在彰显大自然的宏伟。我们常告诉小孩"人生是美丽的"，这张照片就是证据。

儿童与照相机

阳明山的擎天岗。以前住在台北时，我常在黄昏时分到这里拍照，山上经常云雾缭绕，而夕阳穿透云雾的美景真是笔墨难以形容！

光线可以让日常景物变得亮丽动人，这张照片中的树木和自动浇水器，本来毫不起眼，但是在夕阳余晖的照耀下，也有一种动人的气氛。

真正的摄影师，就算没有照相机在手，也可以看见平凡事物的美。美丽是一种发现，相机只是把它记录下来！

我曾经提过，刚开始我没有要求家长买照相机，结果后来家长几乎都主动提供或买相机给小朋友。所以我的学生使用的相机是什么牌子、什么类型都有！

小孩该用哪一种照相机？

我赞成小孩子一开始就使用数码相机，有个别学生还是用传统的胶片照相机，因为是爸爸给他的。我的看法是，任何照相机都可以拍出伟大的作品。在某些公开的摄影讲座上，我常常被问到一个问题："你用什么牌子、什么型号的相机？"很多人还是认为名牌相机才能拍出好照片，其实并非如此。我自己有很多作品，事实上是用傻瓜相机拍摄的。

如果有人问我，小孩子最好用什么相机？我鼓励他们用一些最便宜，但基本功能齐全的相机就可以了。太贵重的反而不好，因为万一有什么闪失，家长往往会很紧张，反而给孩子造成不必要的压力。基本上我不鼓励小孩子使用传统相机，因为数码照相成为摄影的主流已是不争的事实！不过有部分家长还在使用传统相机，他们的孩子也跟着

摄影小叮咛

万一小朋友不小心摔坏或弄丢照相机，不但不要责备他们，反而要好言安慰，因为他们是很难过的。经过一番训勉与提醒之后，再提供他们另一台相机来使用。

46

照片中的白鸟正要起飞，我抓住这"决定性的瞬间"，水鸟的翅膀刚好张开，在晨曦的照射下，特别突出。如果没有动态的展翅，这张照片就很平淡，不值得一拍了。我教导学生要掌握拍摄时机，因为这比拥有一台名贵相机更重要。

用。我并不反对，甚至有部分小学生尝试黑白摄影，而且拍得很不错！我也乐见其成。通常小一的学生，我给他们用小型的数码相机，可是到了小二、小三，有部分表现优异的学生，我会个别指导单反相机（可以换镜头的照相机），就是一般专业摄影会用到的照相器材。

我发现，很多小朋友在学习摄影一年之后，基本上也可以使用这种专业型的照相机，并且大多数很感兴趣。我曾经做过实验：我带一部专业型的照相机到教室来，配上比较重的镜头，我问学生，谁想使用这台照相机？几乎所有人都举手了。于是我请一个个子很小的女生出来，让她拿着照相机举起来，然后问她是不是很重？小女生刚开始说不重，我请她再举一次，然后又问一遍，她一脸无奈地说："确实有点重！"然后我把照相机交给了一个小男生，他为了要证明自己有力气使用这台照相机，还耍宝地摆了几个展露肌肉的姿势。在这里要说明一点，虽然小男生平均在体力上胜过小女生，可是就摄影技巧与敏锐度而言，女生是绝不会输给男生的！

重点不是相机，
而是观察事物的眼睛

在今天这个数码时代，照相机真的是日新月异，我的学生中，不少人已经开始用手机型的相机来摄影，比我还跟得上潮流！照相机不断推陈出新，使用寿命也愈来愈短，随着小朋友一天天长大，他们会接触到更新型的机种，这也是为什么我不鼓励他们马上买昂贵相机的原因之一。此外，简单型的相机反而能让你更专心拍照，不受各式各样功能的干扰。其实大部分数码相机的附加功能平常都很少用得上，有些甚至从来都用不到。

美丽的爱琴海，强烈的阳光下，海水呈现多种颜色，从画面上方的白云开始，我带着学生往下看，是一线深蓝，接着浅蓝到蓝绿色的渐变层，紧邻着另一层的绿，再回到一片的白。这是多么有趣的颜色设计啊！

教小孩子学摄影的重点不在于怎样使用照相机，而是学会如何观察事物，简单来说就是学会构图。功能再齐全的照相机也无法教会你构图。真正的摄影师，就算没有照相机在手，也可以看见平凡事物的美。美丽是一种发现，相机只是把它记录下来！所以我一直努力培养小朋友发现美的能力！

记得有一次上课的时候，教室门口的走道上飞来一群麻雀，我无意中瞥见，就对学生做了一个安静的手势"嘘！"全班同学看着我蹑手蹑脚地走出教室拍麻雀，当时有几个小朋友不顾一切跟了过来。就在我踏出教室的那一刻，麻雀倏地振翅飞了起来，我抢拍下几张麻雀。那些麻雀似乎专等我们上课的时候飞到走道，所以下一次我发现门外又有麻雀的时候，便一声不响地溜出去拍照。从此之后，学生看到麻雀也会去拍，他们模仿我这种对摄影题材的敏感度。

小学生的模仿力真的非常强！譬如，我喜欢在飞机上拍照，曾经把一些飞机上拍的照片给学生看，不久就看到他们在飞机上拍的摄影作品。（参见右上图）

我曾经拍过自己的影子，只给他们看过一次，于是就有学生模仿，还加了几个肥皂泡泡。不过，我并不鼓励他们全部模仿，

学生作品：
普吉岛与越南的上空

摄影：黄卓颖（小二）

我常常在飞机上拍照，也给学生看过一些空中摄影的作品，想不到学生受我的影响，也喜欢在飞机上拍照。这两张作品都算很成功，虽然隔着机窗的玻璃，画面还算清晰，空中摄影最怕的就是模糊，能拍得那么清楚自然是佳作。

摄影小叮咛 ❗

很多小孩子喜欢在飞机上拍照，要注意：一、相机要贴近机窗玻璃；二、尽量使用广角镜头；三、使用高速快门，例如五百分之一秒或更快；四、如果不能避开机翼，就利用它做前景；五、有些飞机在升降时禁止使用数码相机，务必遵守。

有一次，我从日本大阪飞往北海道，一向都喜欢坐在机窗边拍照的我，这次又有收获了。阳光在玻璃上折射，竟然出现了类似彩虹的颜色，我当然不会错过。每次跟学生分享这照片的时候，我都洋洋得意。

我鼓励他们创作，鼓励他们发挥想象力，事实上他们有一些作品反过来连我都想要模仿呢！视觉艺术是很主观的，愈少框框限制，创作的空间就愈大！我希望家长让小孩子出去拍照的时候，除非是人身安全的顾虑，否则尽可能让他们自由拍摄！

摄影与其他科目的配搭

我曾经当过高中的中文老师，一天到晚要改作文或是出题目、改考卷，忙得焦头烂额。能够在小学教摄影是很幸运、很快乐的事。我相信不只是老师，学生也乐在其中。

不过，有"重要"人物问过我，学生学习摄影能不能同时提高语文与数理的能力？很快我就发现，不能单单陶醉在摄影教学中，而不去关注学生的中文、英文、数学这些主要科目！毕竟所有家长都很重视子女主要科目的学习成果，要让他们放心，摄影课程才能继续存在，这是现实环境。

这让我想到，学生交来的摄影作品应配合文字，譬如为自己的作品命名、写一些感想，有时甚至让他们用英文来表达，随着影像说故事。其实我自己的演讲也经常是这样的，出版的摄影集也搭配散文，于是我开始指导学生结合摄影与写作，完成图文并茂的作品。

至于数学科目，表面上似乎与摄影扯不上关系，那时刚好有一位教数学的同事，我们两人在一起讨论，并且突发奇想，合作撰写了一本影像与数学教育相关的书籍。这是个大胆的尝试，如果摄影对学习数学有帮助，那么其他任何一科都有可能与摄影做连接。尽管这并非我摄影教学的原意，但是从一个简单的摄影出发，配合各科目的特质，竟然有助于学生的学习，这种摄影应用真教人惊喜万分，也让我更加卖力地投入。

摄影小叮咛

小朋友最常见的拍照错误，就是拍出来的作品容易模糊，所以在每次拍照前，提醒他们紧握照相机是必要的。稳定是一个摄影师的基本功。

这是我最受欢迎的一张照片，拍照那么多年，只拍过一次。我不知道这是什么自然现象，只能称之为"云中的彩虹"。自然界有许多让人惊喜的美景，超乎我们的想象。看到这张照片的小学生真是有福了！

很明显，摄影真的可以与很多科目搭配。摄影充满动感，实习摄影就等于上体育课；看图说故事可以练习语文能力；出去旅行找寻题材与自然地理有关联；在进行多媒体创作的时候，影像也可以配合音乐，而且是很密切的联结。至于带学生户外教学，摄影就更有用途了！所以我很有信心地说，教小学生学习摄影是时候了！

如何教小孩子摄影

像烈火一样展开的树叶，韩国济州岛的秋天不输给日本。颜色这么灿烂的叶子，怎可不拍下来呢？手上有相机真好，懂得拍照更好。调见这棵红树，算是我的运气好。这张照片一放出来，小半生就一片"哗！哗！"的喊叫，直说好红啊。

一天早上，我无意中走进一片小树林，发现所有树木都在开花，我并不知道是什么花，只感觉头顶一片鲜

我会教他们用手指取景，用自己的手指做成一个简单的取景器，先让他们习惯透过取景器来看世界。手指中的景物就是拍摄的题材，随时随地都可以用这个方式来练习取景。这等于教他们不拿照相机的摄影方式！

不要过度依赖防震功能，因为相机的防震功能也有一定的限制。

　　通常，小孩子是镜头下的猎物，他们是被拍摄的对象；现在，时候到了，他们变成了摄影师。

信任小孩，指导他们管理相机

　　首先，不要害怕小孩会摔坏照相机。小朋友确实很容易把手上的东西当作玩具，以前大人不让他们碰相机，也是这个原因。其实，在我的教学过程中，我发现只要跟小朋

这是个平凡的海景，几乎所有靠海的地方都看得到。画面中有蓝天，有白云，有海水，有沙滩，虽然普通，但是不知为什么，看到的人都觉得心旷神怡。

友说清楚，相机不是一般的玩具，不可以把它摔在地上，不可以破坏它，不可以随便泡在水里头，因为这是创作的工具，是用来拍摄作品的，他们都会非常注意。也许有人认为，小孩子听不懂这些道理，其实他们能了解的，而且会很听话。三年来，在这段教学过程中，我指导了600多个小朋友摄影，真的摔坏照相机只发生过一次，而且不是故意的！至于小朋友遗忘照相机的情况也寥寥无几！只要先提醒，小朋友是能够做到的！要给他们机会，相信他们，小孩子就会好好地管理他的照相机！

万一真的摔坏照相机，怎么办？我采取的方式是原谅！不需要赔偿！其实，小孩子不小心把照相机摔在地上，他自己也很不好意思，因为我早就说过，这是贵重物品，并不是一般玩具。千万不要恐吓他们说要赔偿，或叫警察来抓他们等，以免让他们有心理压力，不能尽情愉快地学习！

小孩子轻松愉快地学习摄影是成功的第一步！

摄影的第一堂课：培养观察力

在第一堂课，我并不要小朋友这么快拍

有一次与几位学生在澳大利亚开车旅行，一开就是几小时，实在疲倦。所以当我们看到这座湖的时候，大家都喊着要停车休息。我随手拍了一张，这湖非常漂亮，虽然在地图上根本找不到。

照，也不会讲太高深的理论。我会教他们用手指取景，用自己的手指做成一个简单的取景器，先让他们习惯透过取景器来看世界。手指中的景物就是拍摄的题材，随时随地都可以用这个方式来练习取景。这等于教他们不拿照相机的摄影方式！这种练习很适合小朋友，完全不用担心他们会摔坏相机。

观察力是一切视觉艺术的重要基础。所以培养小孩子的观察力是很重要的！小孩子本来就很喜欢看，他们对一切身边的事物都很感兴趣。有时候你想要他们不看都很难，而且他们喜欢近距离地取景，这是小朋友的天性，所以他们常常拍出大特写。在以前传统摄影的年代，很多相机不能近距离拍摄，因为无法对焦，就会很模糊！现在大部分的数码相机都可以微距拍摄，反而很能配合儿童的拍摄习惯和方式。近距离拍摄常常有意外的视觉效果。当我发现儿童有这种特别的摄影习惯之后，我会引导他们寻找一些适合的拍摄题材，譬如昆虫、花的特写，甚至他们的铅笔盒。

以美的事物为题材

谈到儿童的摄影题材，我会尽量以美丽

教好小朋友的摄影基本功就像学功夫先学蹲马步一样，从小开始最好不过。

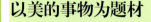

有人告诉我，这是南台湾的特产——布袋莲。这几朵莲花的排列有点像一首歌的旋律，我仿佛听到莲花在唱歌。你相信吗，植物也会发出声音！

的事物为主。由于我本身是旅游摄影师，所以我很多教材上都有世界各地的美丽风光。我希望小朋友先多看一点美丽的画面，训练他们拥有美的眼光。刚开始的时候，我以为小朋友自然而然就会找一些美丽的题材。其实不然，一个六岁的小学一年级学生可能已经有三年看电视的经验，也可能看过很多漫

构图能力是摄影重要的基本功，可是教小孩子摄影不需要说太多理论，让他们先拍，再加以分析，从错误中学习是最好的方式。

画、卡通，甚至不少的影像广告。他们难免会看到一些小孩子不应该看的东西，包括血腥暴力的画面。

身为小学生的摄影老师，我认为引导他们用镜头去捕捉美丽的画面，是很重要的事情。有一些题材，譬如他人的隐私就不应该拍摄。我不想成为狗仔队的教练。

小孩子会拍摄一些不好的画面，很可能是他们看过类似的东西，模仿电视或漫画！儿童的模仿力非常强，因此，我用美丽的摄影题材当作教材，在让他们真正开始自由拍摄之前，先给他们看我在世界各地拍下的自然美景。这是我二十年旅游摄影的精华，连

那一年我在纽西兰开车旅行，偶然在路上看见这座山，前景的野草很像台湾阳明山上的芒草，怪不得台湾的中学生，以为是阳明山。其实这是库克山脉（Mt. Cook）的一部分，山顶上还看得到一点积雪，所以并不是阳明山！这证明很多中学生，很少有机会亲近大自然，看到芒草就以为是阳明山了。

这是我个人很喜欢的摄影作品，第一次放给学生看的时候，有人误以为是萤火虫，其实是水草上的水珠反光后形成的奇景。只有一个角度才能拍出这种阳光反射的美景，我幸运地找对了。就在我拍摄后不到三分钟，天色全黑，原来最后一线阳光是这么的美丽！这张照片常常被我用来说明，什么叫"用光线来画画"，学生也都对它很感兴趣。

成年人看了都很受感动，何况是六七岁的小学生！我很高兴的是，小孩子也有欣赏这些美丽画面的能力，他们受到了感动。我希望让他们觉得世界是非常美丽的，因为，我知道等他们长大之后，就会看到人间丑陋的一面！我想透过影像潜移默化的力量让他们相信，这个世界到处都存在着美！

我的摄影课程不仅要教会摄影，也要培养健康的美学观念。其实我曾拍过很多人间苦难的画面，不过我认为这些晦暗的题材不宜作为小学教材。

儿童摄影的教学方式：实习与评论

现在谈谈实际教学的方式，学摄影好像学开车一样是要实习的！所以我尽量让小朋友有机会亲自拍摄。起初，我不敢要求每个小朋友都带照相机来学校，如果是成人班，这是基本要求。但是，毕竟摄影课在小学还太新，我怕家长不愿意配合（或是经济上不许可），所以一开始由我来提供照相机。

上课时，我通常会把学生分成五人一小组，每组有一台照相机，让他们离开教室练习摄影。每个人轮流拍摄，大家都有机会当摄影师，也有机会当模特儿，我同时训练他们面对镜头。不过小学生的意见也很多，练习的时候七嘴八舌，变得很难合作！我解决的方法是，谁拿到照相机谁就当指挥，所以小朋友拿到照相机的时候都很高兴。

担任摄影师的同学必须有清楚的指示，指导当模特儿的小朋友，站在哪里，做什么动作，通通都要考虑周全。这可以训练拿到照相机的同学有敏捷的反应力、丰富的想象力，以及良好的沟通能力。教导模特儿做动作并不是容易的事，如果指示太慢，同学就会不耐烦地催促你。而且，这等于是一场摄影比赛，每个人都有机会当摄影师。拍

摄影小叮咛

构图能力不是一种摄影技术，而是一种美学能力，用照相机去学习构图虽然不错，但还不如带小朋友去美术馆欣赏名画，从中学习更有效。

这是一种回光返照，太阳的回光倒映在海面上。小学生中，有人说是汉堡，有人说是铜锣烧，其实也像人的双唇。这种有点超现实的风景照，常常让学生惊叹不已。

好的照片立刻在课堂上投影出来，我会亲自评论，从构图、取景、曝光、模特儿的姿势等，予以评分，并让其他同学发表意见，所以是有一定的竞争压力的。

拍得好的照片，我会保留，方式是在数码相机里"锁定"（lock）这张照片，锁定后，照片的角落便会出现一个钥匙的图案。久而久之，每位小摄影师都想拿到钥匙，这变成一种奖励，同时也是比赛，因为拿不到钥匙的照片就会被删除掉（我实在无法保留这么多的照片）。在一堂课中，得到最多钥匙的同学成为"摄影王子"或"摄影公主"，并受到同学的欢呼鼓励。

　　这里要特别补充一点，那些拍得不好的照片，尽量避免在小孩子面前删除。我曾经不小心在一个学生面前删掉他的作品，后来家长打电话来告诉我，小孩子回家后就哭了！之后我也更加谨慎，避免伤害到小孩子的自尊心，尽量让他们形成一种良性竞争。此外，班级之间也会比赛争取钥匙，如果一年级有七个班级，学期末的时候便公布，哪一班拍出最多优秀的作品，哪一班的摄影水平最好。在这种实时评论又有比赛的练习方式下，小学生个个认真拍摄，努力争取得到钥匙的荣誉，所以学习的效果良好，即使在指定的有限空间中，也能拍出引人入胜的作品。

这是非洲典型的景观，背景的雪山是非洲最高山，乞力马扎罗山（Mt. Kilimanjaro），前景是野生动物保护区。非洲有些动物保护区，比整个台湾都大。透过这张照片，引起学生对野生动物的兴趣，尤其是大象，并且学会safari这个字——非洲的（狩猎）旅行，不过不是用枪，而是用相机来"狩猎"。

儿童摄影的观点与角度

湖面的水草，这是微不足道的植物，很容易叫人掉以轻心，觉得没有看头。我却教导学生仔细观察这些水草，看看能不能找出美的所在，看看水草的曲线及其所构成的各式各样的图形。你如果能从这样平凡的水草中发现美，一辈子都会很快乐，因为对你而言，美丽真是无所不在。

黄昏时我一人独自在贵州山区的湖边，完全陶醉在山水的美景中，刚开始我没看见有船，眼看天就要黑了，没船我也得离开了。我向上帝祷告，希望出现一条船让这个画面更加有活力。后来，果真有条船出现，使我顺利完成这张作品！

我会让小学生看到不同角度拍出不同的效果，不会规定拍摄的角度。对儿童来说，有兴趣的角度就是最好的角度！学会怎么观看世界，比学会怎么操作相机更重要。

以前我教成年人摄影，后来在教小学生的过程中，我发现小孩子对色彩、光线、新鲜的景物反应更强烈。

有兴趣的角度就是最好的角度

小学生视觉的反应比成年人敏锐许多，而且动感十足，部分学生还有寻找摄影题材的能力，连我都十分讶异！所以实际上，在教小朋友摄影的同时，我自己对摄影也有一些新的体验！譬如观点与角度。小孩子的个头小，常常从低角度去看事物，就算只是一张普通的桌子或雕像，他们拍出来的就与我的不一样，他们觉得有趣的题材也跟成年人的大不相同。例如一座喷水池，小学生会把它想象成一个马桶；看到斑马在吃草，会俏皮地将目光焦点放在动物的屁股上。在教学

时，要注意到他们的童心，让他们与生俱来的创意得到充分的发挥，所以我很少限制他

学生作品：
星光大道

摄影：关卓莹（小一）
主体很突出，以蓝天白云为背景，这种低角度的拍摄，让这座铜像显得高耸入云。学生在说明当中，认为这个景很美丽，所以才拍摄，我也同意。

学生作品：
哪个屁股最大？

摄影：陈亮延（小二）
很少人特别拍摄马屁股，这张照片显示了五只斑马的屁股，学生还说了一句旁白："哪个屁股最大呢？"看了叫人忍俊不禁，这是让平凡题材变得有趣的方式，这个学生想象力很丰富，所以挽救了一张本来不算很成功的照片。

们的拍摄题材。在教学示范的时候，我会让小学生看到不同角度拍出不同的效果，不会规定拍摄的角度。对儿童来说，有兴趣的角度就是最好的角度！这一点要让他们自己来发现。成年人既不可能代替他们拍，更不可能代替他们观察世界。学会怎么观看世界，比学会怎么操作相机更重要。

至于作业部分，本来校方的策略是小学一到三年级都没有回家作业，可是摄影

这一课，实习很重要！所以我会出一些摄影题目，让小孩子在课外时间完成。刚开始，我只让一年级学生做一些贴图片的简单作业，还不敢要求他们这么快就自己拍摄。没想到，有部分学生第一次的作业就已经亲自上阵，而且拍出令人惊艳的作品。我常常把他们的作业放在办公桌上，自己欣赏。有一次，同事无意中看到，大感意外，频频问道，这真的是一年级拍出来的吗？真的，是

真的，小孩子真的可以拍出优秀的作品。许多成年人会怀疑，往往是因为他们自己拍不出来。其实只要有机会，大部分的小孩子都可以拍出不错的作品。

小孩子摄影不输成年人

现在谈谈家长如何帮助小孩子学摄影。首先我发现一个有趣的现象，很多家长摄影的能力还不如他们的孩子，因为家长自己也没学过摄影。并不是年纪大的人视觉能力就比年纪小的强，除非家长本身是学艺术，或根本就是专业摄影师。不过，家长对孩子的鼓励很重要。常常有家长告诉我，他们本来是禁止小朋友碰照相机的，现在我的建议是，不但不要禁止，并且要鼓励，要欣赏，要赞美，经济许可的话，就买一台照相机送给孩子，并且让他完全拥有这台相机。让他们学会怎么保管和使用它。

很多家长一开始就带小孩到公园去拍照，有些家长会让孩子在出国旅行的时候拍照，或指定他们为自己拍个人照等。我的建议是，随时随地，只要孩子喜欢就让他拍照！如果是在公园里，不要指定他一定要拍树或是

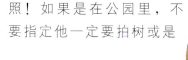

草坪，孩子喜欢的东西也许跟大人不一样，硬性规定反而会破坏他们的兴趣。孩子看事物的角度和大人是不一样的！大家都有眼睛，可是我们看见不一样的世界！

你以为在公园里头就该拍树，孩子可能有兴趣的是蚂蚁；你以为蓝天绿地很吸引人，孩子可能感兴趣的是一个垃圾桶，所以请让孩子自由发挥。有些家长为了帮助孩子，会把孩子抱起来，想让他的视野更广阔，其实这个动作反而局限了孩子的视野。

至于一家人出国旅行，通常负责摄影的是爸爸，很多人在著名的风景区拍照，从同样的角度拍下同样的景物，这种照片千篇一律，没有什么创意。可是如果你让孩子担任摄影师，他们肯定能拍出与众不同的特别画面。因为孩子不会先入为主，他不会认定有什么非拍不可的景点，他拍他喜欢的，就算简单的家庭旅游记录，也能拍得耳目一新。如果你不相信，下次带孩子出外旅行，不妨放手让孩子试试看！你一定会有意外收获，这也是孩子练习摄影的大好机会。

永远新鲜的家庭照

接着谈谈家中的练习。在成人眼里，居

学生作品：
我的弟弟

摄影：赵思陶（小一）

小一学生的作品经常取材自家中，很多人会拍摄自己的家人或玩具。看看照片中弟弟傻乎乎的神态，显然家人就是小小摄影师的最佳拍摄对象。

家生活一成不变，没有什么值得拍摄的。可是在儿童眼中，家里永远有新鲜事，因为小孩子每一天都在成长，每一天都有新发现。与其让他们在家里盯着电视看，不如让他们在家里练习摄影。事实上，我收到过很多创意十足的家庭摄影作品。千万不要小看家庭的题材！愈是看似平凡的景物，只要找到新的拍摄角度或切入点，作品反而愈有创意与震撼力！就像在小学的作文课中，每个人一定都写过"我的家庭"，如果将这个老掉牙

学生作品：
我的史努比公仔

摄影：杜岚（小·）

这是一个典型的儿童摄影，拍摄自己心爱的玩具。主体太正中，四周空位过多，需要剪裁。背景选用白色与公仔的颜色太过接近，如果用深色的背景，主体会更突出，但是，或许学生想仿真雪地的感觉。

的题目作为摄影题材，一定会有意想不到的新的事物，愈可以拍出不平凡的一面。让小孩子在家里练习既安全又方便，还可以培养他们敏锐、细微的观察力。就有不少家长，看到孩子在家中拍摄的作品后，感到不可置信！这是我的家吗？

从照片看儿童心理

小朋友摄影的角度与观点不同于成年人，而成年人观看小孩子的作品，在赞叹照片的美感之余，还能从中看出许多东西，包括孩子的心理、他们的感受、想要传达的心声等。

在学校出版的学生摄影集当中，有一张照片很受瞩目，题目是"我想飞"。照片里有很多翅膀羽翼般的东西在空中拍动，很多人问："这是什么？在哪里拍的呢？"根据学生的描述，这景象是在一间博物馆捕捉到的，照片上有翅膀的小东西，应该是某位艺术家的创作。

学生写下"我想飞"三个字，从照片的表现与题名均可读出孩子的内心。我认识这个学生，他非常活跃，课堂上，老师常常指责他不专心听讲，认为他不是乖孩子。

学生作品：
我想飞
（原刊于《真道摄影集》）

不过摄影课时，他倒很专心，把相机交给他，他都能很合作、很用心地拍照。从他的作品内容，看得出他对自由的渴望，他想要高飞，却被牢牢地绑住，也难怪他安静不下来。我曾经把这张照片放给大学生看，后来，有个大学生写信给我。他说，自己从小在补习班长大，他很羡慕这个小朋友，因为身为一个大学生，他连想飞的勇气都没有。

学生摄影集里另外一张引起我注意的照片，是一座小小的破桥，在平静的池边，画面中一个人影都没有，岸边杂草丛生。这不算一张很美丽的照片，可是耐人寻味。我不断观看这张照片，并且思索着，为什么一个七岁的小孩会拍出这种照片？他的标题为"内地"（指中国大陆），其实题目并没有说明照片的意义，让我百思不得其解。我不得不承认，一张找不到答案的照片，有时更引人寻思体会。

第一本小学生摄影集

这是法国南部的向日葵花田，向日葵一开就是一大片，远看并不特别美，我随意拍了一张大特写，只照一朵向日葵，它就显得很特殊。我教导学生，用心注意你想要拍摄的题材，你会发现许多美丽的东西，是平常所忽略的。此外，鲜黄色是很吸引人的颜色，向日葵就特别引人注目。一朵向日葵胜过一整片，是因为我们的目光聚焦在一朵花上，才能看得仔细。

由于拍得实在太好，有点像是专业摄影师的作品，很多人怀疑不是他，而是他爸爸拍的。虽然我了解这孩子，但还是忍不住偷偷问他："天乐，这真的是你拍的吗？是不是爸爸帮忙的？你要说实话。"他很坚定地回答："是我拍的！我爸爸还拍不过我呢！"

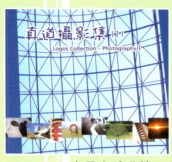

2005年5月，我所任教的小学，为学生出版了一本摄影集，这不仅是这所学校的第一本摄影集，也是全香港第一本小学生摄影集。学生年龄从五岁到八岁，从小学一年级到二年级。出版这本摄影集，算是小学教育的一项创新，颇受家长与教育界的重视。

连八卦杂志也感兴趣

能够出版小学生摄影集，对我来说是天大的惊喜。我也明白校方的用意，小学摄影课可以说是前所未有，这本摄影集的出版，代表了我们学校是一所勇于创新、有教育理想的学校。

而且，自从我开始在小学教摄影，媒体就对此很感兴趣，每隔一阵子，便有媒体来采访我，也采访我的学生，这些媒体包括电视台教育节目、各大报刊的教育版，甚至有八卦杂志。为什么连八卦杂志也对小学摄影课感兴趣？除了题材特殊之外，天真可爱的小学生拿着照相机的模样，十分讨人喜欢，有助于提升八卦杂志的形象。

我们学校是公开招生的，要和其他小学

摄影小叮咛

成功的人像拍摄，也能反映出一种成功的人际沟通能力，因为当拍摄一个人的时候，你必须与这个人发生某种程度的互动关系。

"抢"学生，出版全香港第一本小学生摄影集，也打响了学校的知名度。

然而，出版摄影集的先决条件是要有够水平的作品，还好学生的作品都在要求的水平之上。刚开始校方想让大部分学生的作品入选，以满足家长的期待。可是我极力反对这种做法，希望是贵精不贵多。最后在大约**600**位学生中，只有**97**人的作品入选。入选的当然很高兴，落选的也许会有点失望。所幸，大部分的学生与家长都能接受这个结果，尊重我的做法。

冒着可能会得罪家长的风险，我让一些真的拍得很出色的同学，有充分表现的机会，有一个二年级学生的作品成为摄影集的封面，相信他一辈子也不会忘记。还有几个学生，一人就有好几张作品入选，最多的甚至高达六张！

"我爸爸还拍不过我呢！"

这是一本内容有趣、风格独特的摄影集，因为是以小孩子的眼光去看世界，看过的人都很喜欢，觉得很新鲜，而且十分讶异小孩子能拍出这种高水平的作品，有惊艳的感觉。

不过，也有一些人怀疑这真的是小学生拍的吗？会不会是家长替他们做的呢？我记得一位名叫庄天乐的二年级学生拍的一张"两座彩虹"，地点是在加拿大埃布尔达省（Alberta）"冰原大道"（Icefield Parkway）的阿萨巴士卡瀑布（Athabasca Falls）。由于拍得实在太好，有点像是专业摄影师的作品，很多人怀疑不是他，而是他爸爸拍的。虽然我了解这孩子，但还是忍不住偷偷问他："天乐，这真的是你拍的吗？是不是爸爸帮忙的？你要说实话。"他很坚定地回答："是我拍的！我爸爸还拍不过我呢！"

我相信他的话，因为大人太忙了，而且现在是数码摄影的时代，一般人买了照相机，拿起来就随意拍，很少认真去学摄影，而这个小学生他已经跟我学了两年，他又那么喜欢摄影，拍得好是再自然不过了。

请不要再怀疑小孩子的摄影能力！在今天的环境中，小孩子都可以成为摄影大师！

"首映会"的期待心情

在制作这本摄影集的过程中，碰到许多困难，要从好几千张作品当中，挑选出有水平、印刷效果佳的作品，就是一个繁复的

这是加拿大的温哥华岛，下午3点钟左右，强烈的太阳光反射在水面上，波光粼粼，让人感到眼前一片光明。一艘帆船安稳地驶往前方，我愿我的学生像这帆船一样，航向光明。拍摄这张作品，必须拿捏时机，我一直等到帆船经过，才按下快门。

过程。尤其不能忘记这些摄影师都还是小孩子，他们只是用简单的照相机来拍摄！

　　这本摄影集共有85页，收录了128张作品，分为三组：小一、小二、小三。小三的作品比较老练，看起来真像是大人拍的；小二保留一点童真，又有点创意；小一所拍的，完全是儿童眼中的世界，充满童心儿趣。

　　作品的范围相当广泛，以美丽世界为主，包括风景、花草树木、家人、可爱的小动物、昆虫、居家生活，有的小朋友也拍下自己的房间和玩具。我个人觉得这本摄影集很有看头，反复翻看了许多次，仍不会厌

透过学习摄影，为孩子打开一扇窗，窗外的世界是海阔天空，向远方无限伸展，可以培养孩子成为一个有眼光、有志气的人。

倦，每次都非常感动。我担心自己太主观，毕竟他们是我的学生，因此我也很重视其他读者的意见。

这本摄影集是在学校重要的纪念日那一天——创校纪念日，正式赠送给家长的。我站在一旁，留意家长翻阅的表情，心情就像电影导演在首映会上等待观众的反应一样。我从来没有直接去问家长的意见，不过有一天，我偶然在路上碰到一位家长，他笑着对我说："林老师，你教得很成功，谢谢你！"

小学生也可以成为摄影大师

我也把摄影集拿给另一位专业摄影师，他说，其中一些作品已达到专业的水平，他

帛琉的海水能见度有27米深，海水透明、清澈见底，这是喜欢潜水的人公认的天堂。我非常喜欢帛琉的海，我在这边也潜水，并用潜水摄影机捕捉镜头。地球有十分之七是海洋，最美的珊瑚礁通常在水底10米左右，一般人都能潜到这个深度。透过这张照片，让学生欣赏海岛之美，并激发他们学习游泳和潜水的动机。

的赞美让我高兴极了！因为这位摄影师是留日学广告摄影的，态度一向十分认真，不会随便称赞。

曾有一位教育部门的高官对我说："看了这本摄影集，连我都想来这个学校学摄影。"我听了感到受宠若惊！

后来，我把这本摄影集带到台湾，在一些演讲的场合，向家长介绍，反应很热烈，甚至有家长一个人就要买一百本！我还没有办法卖给他这么多，然而，这也让我兴起在台湾推广儿童摄影的念头。

其实对学生来说，这本摄影集是莫大的鼓励。入选的作品等于公开展示，非常荣耀，让学生有摄影师的成就感；对于那些落选的，也有正面的鼓励作用，他们可以参考观摩同学的精彩作品，继续努力，在下一次争取入选的机会。

虽然我自己也曾出版过摄影集，可是这本学生的作品带给我的喜悦和光荣是无可比拟的！我不断翻看，一有机会就向人推荐，像是我自己的作品一样。回想当初，我不愿意当小学老师，到现在得到这么大的满足感，真是不可思议！

这是在南非好望角拍摄的，山连海，海连天，海天一色，山在
虚无缥缈间。这景色，充满诗情画意，诗中有画，画中有
诗。我要学生多看、多感受，静静体会。

第三部

从香港到台湾

小学摄影美学教育的推广

"百分之百纯净的新西兰"，是我最喜欢旅游的国家。我曾经与朋友在那里开车旅行，连续开了17天，也只能看到它的一小部分，我希望有一天，能够带着我的学生，在这个国家无拘无束地自由拍照。

这是爱琴海的一个小岛，我带了照相机，在岩石后面和海浪玩捉迷藏的游戏，海浪一来，我就举起照相机拍，接着立刻躲到岩石下面避开它的攻击，看着海浪从我头顶飞过。这张照片再度引起小孩子对拍摄海洋的兴趣，我的旅游经历，对好奇心强的小学生，颇有吸引力。

在香港国际机场，我到柜台办理离境手续时，执勤的海关人员拿着我的身份证看来看去，迟迟不肯还给我，他忽然抬头对我说："林老师，你要去哪里？"我感到错愕，一时之间，不知如何反应，他接着说："林老师，我是你的粉丝（Fans），你什么时候回来教我的小孩摄影？"

当了小学老师，不可避免地必须与家长打交道。小学阶段的亲子关系特别紧密，我在学校的一举一动，其实家长都知道，因为每个小孩子会向家长打"小报告"。有时候让我感到一些压力，如果教得不好，很可能被家长投诉；如果教得好，便会受到家长的欢迎，家长会对你特别友善，甚至煮鸡汤带来给你喝。

家长也有兴趣学摄影

由于我教的是全新课程，特别需要家长的支持，有时候得出席一些针对家长安排的说明会，向家长解释摄影课程的目的。我清楚地知道，不只要让小孩子有收获，也要让家长满意。有一些家长出于好奇，会提出参

这是台湾桃园县的东眼山，我在这里拍了一整天照片，最后只有这张照片我比较欣赏。有时候，拍了一千张照片，只有一张成功，可是为了这一张，必须接受九百九十九张的失败，然而就算只有一张成功，也是值得的。

观的要求，后来学校安排了教学观摩，让家长可以来旁听。

　　幸好，我本来就有在不同场合公开演说的经验，所以对于教学观摩，还算游刃有余。这些经验有助于我日后在其他学校推广儿童摄影教育。

　　有些家长本身也对摄影很感兴趣，他们甚至要求我另外为家长开班授课。学校一度想排出一节课，让我去教家长摄影。不过，后来我还是婉拒了，因为教小学生与家长毕竟是两回事，一时之间我还无法满足家长的所有要求。

林老师，你什么时候回来教我的小孩摄影？

　　也许我还算是个受家长重视的老师，每到学期快结束的时候，总有家长直接或间接地问我，是否会留下来继续教书。他们知道我是个喜欢旅游的人，不晓得什么时候又会放下教学工作，继续前往世界各地旅行、摄影。没想到，问到第三年，他们担心的事情真的发生了。我以留职停薪一年的方式，暂时告别校园。

　　有一次，我在路上碰到一位家长，他问

我："林老师，你怎么舍得离开这些天真可爱的孩子呢？"我无言，立刻转身逃跑。说实话，我真有点舍不得，尤其是小学一年级学生，确实非常可爱。

暂别小学老师生涯之后，我立刻开始旅游的生活。在香港国际机场，我到柜台办理离境手续时，执勤的海关人员拿着我的身份证看来看去，迟迟不肯还给我，他忽然抬头对我说："林老师，你要去哪里？"我感到错愕，一时之间不知如何反应，他接着说："林老师，我是你的粉丝（Fans），你什么时候回来教我的小孩摄影？"

别扼杀孩子的创造力与好奇心

我无心插柳当了小学老师，慢慢了解到小学教育的各个层面。其中一点，我特别关心与重视的是，小孩子的创意与好奇心，在小学阶段它可以得到充分培养与发挥，也可能遭到严重削弱，甚至扼杀、埋没。

我以前是中学老师，常常不明白有些中学生为何毫无兴趣读书，要他们读书，比拉牛上树还辛苦，另一群学生虽然用功，可是缺乏创意和想象力。现在回想起来，根源可能在于小学教育的方式。

透过这张照片，我教导学生认识大自然的雄伟，我鼓励他们不畏艰难，勇敢攀登高峰。我还提醒学生，不是要征服大自然，而是与它和平相处。面对大自然时，人要学会谦卑。

92

摄影小叮咛

海洋是很好的拍摄题材，鼓励你带着小孩到海边拍照，让他自由寻找和发现有趣的事物。不过海边有一定的危险，照顾孩子的安全是大人的责任。

　　如果一名小学老师本身没有创意，所教的课程又很繁重，加上家长与学校只重视表面成绩，那么，老师很难避免填鸭式的教育。曾经有位资深的教育专家很感慨地告诉我，他去过不少小学听课，发现许多老师教得很沉闷，连他这个大人都受不了，何况是天真活泼的小孩子？

　　如果小孩子的创意与好奇心在小学萌芽阶段就被抹杀，以后还能用什么方法把这些天生的特质找回来呢？我意识到事情的严重性，虽然我只是个经验尚浅的小学老师，却感到一股发自内心的使命感，我应该为小学教育做点事，我要向全世界大声疾呼：不要扼杀小孩子的创造力与好奇心！

媒体教育是未来趋势

在当了三年的媒体教育老师之后，我很期望能有更多学校推广这个教育理念，因为只有一所小学开课是不够的。我也想到其他小学去分享我的教育经验。

记得有一次，教育部门的官员来学校视察，我有机会向他报告我的教学情形，他对小学摄影课很感兴趣，我尝试说服他，小学开摄影课是有必要的，而且是未来的趋势。一开始他有所保留，可是最后他对校长说："我想摄影课有助于工商业发展，你可以把林老师借给我们教育局，让他到其他学校去推广摄影教育吗？"

不过，校长并不打算放我走，他想要我继续为这所学校服务，所以，我以需要休息为由，向校长提出留职停薪一年，校长最后"勉强"答应我。不过事后他说，学校并没有这个制度，他为我开了先例，要承受很大的压力。

与教育部门正式合作

我很希望与教育部门合作，到其他学校推广媒体教育，却一直苦于无机会。因为对

这是红鹤（Flamingo）保护区，全盛时期，这个湖有上百万只红鹤，远看湖水好像布满了粉红色的植物，近看才发现是非常漂亮的红鹤，它的羽毛以粉红色为主，翅膀上衬着黑边，非常醒目，有些时装设计师也从这里得到灵感，设计出来的服装，让模特儿穿上自然也十分抢眼。

教育局来说，推行一项新课程，有许多的考量。我一直努力，不放弃任何机会。某次在一个教育会议上，我遇到了教育局优等教育组中课程发展的主任，我知道这是千载难逢的机会。我与他谈到推广媒体教育的重要性与未来发展，起初他不为所动，后来他偶然发现我在书店有场公开的讲座，他很喜欢逛书店，所以去听了。刚好那次讲座，我表现得不错，感动了他，于是便安排我担任他们的教师。

经过一番努力，在离开学校八个月之后，我终于得到教育局正式的邀请，参加他们的"名人访谈"特别课程，在一群来自不同小学的优等生面前，正式介绍摄影媒体教育，并且放映我学生的摄影作品。这些学生反应热烈，问了我许多问题，当时在座的也有学校老师，那是我第一次在校外推广摄影

我很喜欢这张风景照，大自然在我面前变成一幅画。我人在图画中，画中看得到自己的影子，我永远不会忘记这一刻，我与蓝天、小树、湖水和青草地融合在一起。

教育的理念。这只是第一步，我期待有更多的机会。

要成为香港教育局的特约教师其实很不容易，我不知道是怎么办到的，但它真的发生了！而我梦想的下一步，就是在台湾推广摄影教育！

这是新西兰南岛米尔福德海湾（Milford Sound），海湾是向内陆伸展的海湾，它延长了两百多公里，所以水平如镜。画面仿佛由四个三角形组成，我常用这张照片来说明构图的原理。

96

摄影小叮咛

摄影给人的印象是很适合没耐性的人去玩，其实摄影也可以训练耐性，因为有时候你必须等待最佳时机按下快门，愈是求好心切的摄影师愈愿意等待。

从澳门、澳大利亚到台湾的经验

这是希腊爱琴海小岛典型的日落景观，圆顶教堂成为画面主体。我告诉学生："当我拍摄这个画面的时候，身旁还有上百个来自世界各地的摄影爱好者，大家都被这黄昏美景所吸引，不断按下快门。有一天，我希望你们也能亲临其地，也许你们能拍得比我更好。"

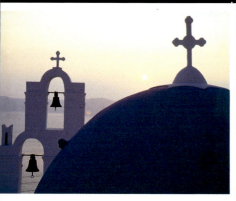

这是美国东部的国家公园，红叶意味着秋天的来到。一年四季都有美景，这里的秋色使人陶醉，深黑色树干间夹杂着红色、黄色的树叶，是谁设计出这样的美景？对大自然不仅要懂得欣赏，也要感恩。

我请一位爸爸带着他的女儿，两人比试摄影功力，照相机由我提供，用同样一台照相机在同样的地点拍摄同样的景物，至于怎么拍，随他们喜欢。这位爸爸是中年的上班族，女儿是小学三年级学生。比赛的结果，非常明显，女儿拍得比爸爸好！

在这本书的写作过程中，我受到澳门两所小学的邀请，为小学生现场示范教学。

澳门篇

第一所是澳门某著名小学，由于座位有限，高小、初小要分开（澳门小学小一到小三是初小，小四到小六是高小）。这所学校完全没有摄影教育，大部分的孩子也从来没有碰过照相机。我当时带了一台德国莱卡相机（Leica），这是非常出色的数码相机，价格不菲。我邀请几个同学出来示范使用这台相机，有个女生最快举手，我让她先拍。在三分钟之内我教会她如何使用这台相机，然后让她自由拍摄。

这所学校的校风严格，学生大多不敢轻举妄动。所以有同学可以在演讲的时候拿着相机自由拍照，算是破天荒的事。同学反应非常热烈，然后我现场验收拍摄的成果，超乎想象的好。由于这所学校的老师普遍认为小孩子不可能摄影，所以我特别把作品拿给老师看，证明小学生的潜力无穷，不过老师的态度并不积极。到了第二场向初小分享的时候，反应依然很热烈，初小的学生也可以现场拍照。

摄影小叮咛

肯定小朋友的原创力与好奇心，并相信他们观察与发现题材的能力，不要怀疑他们有拍出大师级作品的潜力。

澳门这所小学只是一般的学校，不像我之前任教的实验学校，学生的家庭环境不错，很多是所谓的优等生。尽管如此，这里学生的表现跟我教过的学生是一样的！

讲座结束之后，我向老师建议让小孩

子学习摄影，老师表示学校有很多限制，不可能做这件事！我谈到自己的经验，让小孩子学习摄影并不需要什么特别经费！其实摄影也适合家境不富裕的小孩子学习，今天的相机已经没有想象中的贵！可是无论我怎么说，老师都无意改变，我只好失望离去。

之后又前往另一所小学，学生同样反应热烈，我很高兴让一些孩子第一次拿起照相机拍照。这所学校的老师态度比较积极，在我教学的时候，有一位老师一直替我拍照，我要离开的时候，他把照片做成光碟送给我，真是一项珍贵的礼物！这表示学校的学生有机会学习摄影，因为老师认同我的想法！

澳大利亚篇

离开澳门之后，我飞往澳大利亚的墨尔本，我认识当地一些华人小学的老师，所以有机会从他们那里了解澳大利亚媒体教学的情况。澳大利亚的教育很先进，他们的小学很早就发展了媒体教育，不过并非每所小学都有这一门课，许多学校的经费不足，便将媒体教育与英文教学结合，至于摄影，澳大利亚没有任何一所小学规划了相关课程！

我认识一些华人移民，他们的小孩子在当地读小学。一次偶然的机会，我与一位小四的男生到公园，我让他自由拍照。他非常喜欢拍鸟，很快地，他就不满意我借给他的小型数码相机，他坚持要借我的单反相机，因为他需要长镜头去拍鸟。结果他相机到手之后不太愿意还给我，我甚至要抢回来！他的爸爸也在场，本来他爸爸未移民前很喜欢摄影，后来因为种种原因而兴趣大减。现在他看到儿子兴致勃勃的样子，对摄影的一番热情又被唤回来了！

摄影小叮咛

很多成年人不知道，儿童对色彩是很敏感的，让孩子用相机去拍摄缤纷的彩色世界，他得到的满足与快乐超乎大人的想象，这解释了为什么小朋友拿起相机就不肯放下。

太阳已经下山了，这是回光返照，有时候这种回光，比有太阳的时候更美，所以等待是很重要的，虽然按下快门是件简单的事，可是要知道何时该按下快门，就不是那么容易了。因此摄影能训练一个人的耐心，如果太阳一下山就"收工"离开，你便会错失这次拍摄的机会。

澳大利亚的公园通常都很大，题材很多，可是我反而很少看到小孩子在拍照！澳大利亚的物价很高，照相机也很贵，相较之下，香港与台湾小朋友学习摄影的条件比他们好很多！

墨尔本的实验

我在墨尔本还做了一项实验，六月中的一个冬天，我请一位爸爸带着他的女儿，两人比试摄影功力，照相机由我提供，用同样一台照相机在同样的地点拍摄同样的景物，至于怎么拍，随他们喜欢。这位爸爸是中年

的上班族，女儿是小三学生。比赛的结果，非常明显，女儿拍得比爸爸好！这个小女生也是第一次使用照相机，而爸爸以前就用过很多次了！女儿所拍的照片构图比较紧密，公园里头的树木，表现得比较清楚，有视觉上的美感。爸爸所拍的照片，包含一大片灰白的天空，并

爸爸与女儿的摄影比试，右页左下方是女儿的作品，很明显比右边爸爸的杰出。

摄影小叮咛

全家出游的时候，爸妈不再担任旅游摄影师，这个职位让给小孩子，他会很高兴，你会很轻松。

不吸引人，反而影响到主题的表现。其实父女两人的照片，高下之分显而易见！这样的结果，爸爸知道后反而很开心，因为他觉得女儿很有艺术天分！爸爸从来没学过摄影，也不常拍照，所以拍出这样的照片，也是可以理解的！

由此可知，小孩子的学习能力很强，美感反应尤其敏锐。我回想过去教小学生拍照的时候，曾经怀疑过小孩子的作品是不是家长帮忙拍的，现在我亲眼看到没学过摄影的家长，拍得不会比孩子好！这场比赛再一次验证了儿童的摄影潜能。

台湾篇

我在台湾住了七年，曾经在小区的大学教摄影，也在大专院校兼课，教视觉传播。我的学生都是成年人或老人家，我从来没有在台湾正式教过小学生，既然在香港累积了一

摄影小叮咛

曾有人提出「摄影无用论」，但在二十一世纪这是落伍的看法，照相机愈来愈普及就好像笔一样，是重要的传播工具，有时候影像甚至比文字更有力量。

些小学摄影教学的经验，也非常希望能在台湾分享。

没想到，要在台湾当个小学老师比登天还难！不过，一个偶然的机会，我收到古亭小学家长会的邀请，在家长面前做示范教学。那是一个星期六下午，家长来得不多，小学生也只有零星几个。起初我觉得有点失望，但这是我第一次在台湾的小学介绍儿童媒体教育，我必须全力以赴，把握这次难得的机会。

我早到了十五分钟，先在古亭小学拍了一些校园风景，也拍了几个学生的大头照。示范教学一开始，我把刚拍好的校园照片投影出来，播放时，我请他们猜一猜，这是校园哪一个角落？结果大家完全猜不到，甚至

这是澎湖的海上日落，太阳像一颗咸蛋黄沉到海里，其实非常平凡，因为太阳每天都如此反复地落下海平面。然而，很多人喜欢欣赏海上的落日景观，觉得这张照片百看不厌。

根本认不出这是自己的校园。接着，我投影学生的人像照，立刻引起全场哄堂大笑。一开始，我便先声夺人，引起家长和学生的注意，数字摄影的即时观看功能派上用场。我对家长说："在这个数码摄影的时代，小学生只要三分钟就可以学会拍照。"

我立刻在现场请几位同学出来，由我进行教学示范。我用的方式是，现教、现学、现实习，并且立即投影观看、评论。家长真的看傻了眼。也许是古亭小学的学生本来就很优秀，他们与我配合得天衣无缝，我第一回合便得到家长的肯定。

接着在第二部分，我放映我的摄影教材，让家长看看我所拍摄的世界自然美景。家长看得入迷，当我要结束的时候，大家仍要求继续放映，让我欲罢不能。

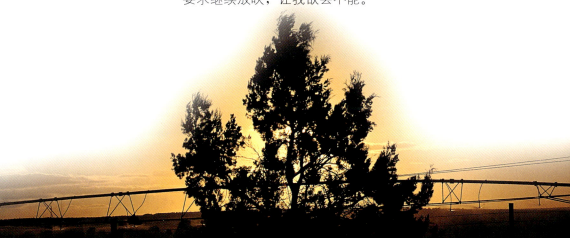

最后，家长邀请我担任古亭小学的驻校艺术家，我把这话当作开玩笑，这件事情没有经过校方认可，应该不算数。然而不管怎么说，我确实得到古亭小学家长的赞赏与鼓舞，这让我十分高兴。后来，有家长告诉我，受到我的影响，古亭小学还办了一次校园摄影比赛。

不久之后，我真的成为另外一所学校的驻校艺术家，那就是深坑小学。

2005年12月17日，我接受深坑小学家长会的邀请，正式介绍小学媒体教育与摄影教育。有了古亭小学的经验，我比较了解台湾家长的需要，并做了一番周全的准备。那是个非常寒冷的冬天，演讲在早上9点就开始，我一早便从阳明山赶往深坑。

又是一张空中摄影，当时航线是由美国飞往香港，却不知为何飞经阿拉斯加上空，又恰巧万里无云，我把握这难得的机会，捕捉珍贵的镜头，只见冰天雪地的阿拉斯加，渺无人烟，景色壮观。我的很多学生受这张照片影响，从此喜欢在飞机上拍照。

这是夏威夷群岛当中最大的一个岛,名字就叫"大岛"。这是座火山岛,我用长镜头拍摄海边的浪花,黑色的熔岩与白色的海浪对比强烈,黑白分明,这也是大自然的奇迹。看着岩石与海浪永不止息的搏斗,觉得又美丽,又震撼。

这一次现场几乎没有小学生,所以我没有做现场教学示范,我先从理论上分析,解释什么是小学媒体教育,同时说明为什么小学生需要学摄影。我那本小学生摄影集帮了我大忙,家长看到六七岁的小孩子摄影作品是那么好,全都惊讶不已!我成功地说服了家长:"如果别人的孩子可以,你的孩子也做得到!"

深坑小学的家长相当有水平,他们了解什么是教育。我讲的那些教育理论,没有让他们很感动,他们欣赏我的,应该是我那一份远道而来分享儿童媒体教育的热情。此外,虽然我不是小学教育的专家,可是,我非常重视小学教育,并且还有意改革小学教育。我这股"知其不可而为之"的傻劲,让

家长佩服、感动。

这次家长会的活动，校长也出席了。我演讲结束后，校长在众家长面前，正式邀请我担任深坑小学的驻校艺术家，我立刻站起来，打算推辞。当我才说出谢谢大家时，现场立刻掌声响起，于是，我就在一片掌声中接下这份职责。

因为这次邀请，校长与家长会的成员都在，我觉得这是"正式"的，所以我答应了。于是，我成了深坑小学的"驻校艺术家"。后来，有与会家长在家长会的专属网站上，发表了很多感想，我看到家长们的回应，感动得几乎要流泪了。

目前，我正在努力，希望能前往更多的学校，分享摄影美学与媒体教育的经验。

日本京都市的岚山，秋天的红叶把整个山头都染红了，置身在湖光山色中，才知道什么是真正的秋天。

学生作品赏析

我的摄影作品——菜市场

摄影：蔡子希（二年级）

这个学生的天分很高又勤奋，他并不使用我给他的工作纸，而是自行用卡片，装订成一本小小的摄影集。他到菜市场拍照，可能化了半天的时间，最后挑选出九张照片，贴在卡纸上交给我。内容有菜市场的小贩、鲜鱼头、小白菜、西红柿、虾、吊起来的猪肉、烧鸭等。在每张照片背后，他还加了说明。例如"鲜鱼头"那一张，他就写着："我觉得那两条鱼很可怜。我不喜欢吃鱼，更不喜欢吃鱼头。"又例如"小贩"，他写道："我觉得那位姐姐很辛苦，我希望她有好的收入。"这孩子能用摄影表达他对社会环境的看法，是个使用影像的好范例！

学生作品：

西贡郊野公园

摄影：王晓音（一年级）
她拍了两张照片，第一张是植物，第二张是黄昏海边的小船。两张作品都呈现一种宁静的美，可见这学生非常喜欢大自然，虽然拍摄的技巧只是中规中矩，但已能表现出她对大自然的看法。

学生作品：

香港的夜景

摄影：吴思蓓（一年级）
十分漂亮的夜景。就算我去拍也不过如此！而且看起来是手持拍摄的，没有用三脚架。构图略嫌紧密，高楼的尖顶被切去了一点点是美中不足之处。所以可以把镜头稍微拉开或是往后，多留一点空间。

学生作品：

天空

摄影：薛博文（一年级）
有趣的云彩！我特别鼓励学生拍摄天空的题材，因为每个人头顶上都有一片天空，常常看天空，有时候会有一些令人惊喜的发现。变幻莫测的云彩让人有许多的想象空间！

学生作品：

香港景色——鲤鱼门和南丫岛

摄影：黄朗晴（一年级）
学生挑了两张作品！一张在城市，一张在离岛！一个是城市景观，一个是自然风景，有非常强烈的对比！城市那一张表现出都市丛林的压迫感，离岛那一张有田园之美。我能感受到这个学生很有心思，从作品当中看得出他对大自然的向往。

学生作品：

城门水塘（水库）

摄影：邵芷欣（二年级）
学生用四张照片表现了城门水塘（水库）的景色，我特别喜欢一张树上爬虫的特写。首先，她不害怕；其次，这只爬虫的确很美。我相信学生用的只是一般的傻瓜型相机，能拍得这么近相当不错！另外一张是拍摄植物，在一片绿色当中带点粉红，感觉很别致！说是摄影名家拍的也没有人怀疑，谁想得到只是个小学二年级学生的作品呢！

学生作品：

西贡咸田湾

摄影：叶乐天（二年级）
我非常喜欢这张照片，就算我亲自去拍也不过如此！前景的巨大木头与远景的小岛前后呼应，让这片本来很荒凉的沙滩变得引人入胜！

学生作品：

韩国马耳山

摄影：郭峻廷（二年级）
这个学生很幸运，在樱花盛开的时候来到马耳山。绽放的樱花让这座山变得春意盎然。不过前景的野草太多，抢夺了樱花的风头，天空也略显单调。

学生作品：

沙田道风山

摄影：黄颖彤（二年级）
我很喜欢这张照片，因为当中有一道彩虹，虽然隐隐约约，可是非常实在。相信学生拍摄的动机也与彩虹有关，三块石头成了陪衬这道彩虹的背景，摄影者的观察力不错。

学生作品：

蓝田

摄影：黄启进（二年级）
照片中的植物可能是凤凰树，没有开花，只有叶子；背景是灰白的天空，看起来有点水墨画的感觉。主体突出，构图不弱，可算佳作。

学生作品：

石鼓陇山庄

摄影：姚绮彤（二年级）
学生拍了两张，第一张是两朵鲜艳的小红花，第二张是枯干的荷叶。学生把两张照片放在一起，有种强烈的对比，盛放与凋零，有想象空间，可见这个学生的想法很有深度。

学生作品：

高楼大厦

摄影：黄嘉恩（一年级）

学生有一段说明文字："好美丽的一张照片，因为它有透明颜色的玻璃窗，很像水晶的光亮。林老师知不知道这是什么地方呢？"这个同学甚得我的欢心，她的作品，换我拍也不过如此。她问我是在什么地方，老实说我也不知道，这种现代建筑的图案美感，是专业摄影师的常见题材。

学生作品：

枫叶

摄影：邝文轩（二年级）

题名为枫叶，但是内容却一片翠绿，如果是我，我会题名为"夏绿"之类的。可是儿童有他的率真之处，这的确是枫叶，绿色枫叶也非常好看，打破了我们以为枫叶一定是红色的这种先入为主的观念。

学生作品：
花园

摄影：张家僖（二年级）
两张照片都拍得很美丽，不会输给专业摄影师，看到我的学生拍得这么好，我真的非常高兴，学生也在照片旁用文字注明："我自己摄影得好漂亮呀！"

学生作品：

海洋公园的飞鸟

摄影：蔡灝澄（三年级）
这只鸟拍得很清晰，不过主体太正中，如果能够飞起来，效果会更好。鸟的颜色不突出，与旁边石头的颜色有点类似。

学生作品：

稻草人

摄影：锤卓琪（二年级）
稻草人构图甚佳，内容非常有趣，是优秀的作品。看得出这个学生非常具有成为摄影师的潜力。

学生作品：

丰盛人生

摄影：陈晓彤（一年级）
学生用文字说明这是一棵大榕树，在阳光照射下很美丽，她取名为"丰盛人生"，看得出这个学生的想法非常积极正面。即使我拍摄过更美丽的树木，可是这棵榕树是学生眼中最美丽的，由她自己发现，意义非凡。

学生作品：

花

摄影：黄凯晴（二年级）
很多同学喜欢花这个题材，因为这是生活周遭经常遇见的，可是花朵很容易拍，却不容易拍好，正是所谓的易拍难佳。以这张照片为例，画面很杂乱，美与丑混在一起，主体很难突出。不过，你若喜欢杂乱中的美，这张倒是范例佳作。

学生作品：
莲花池

摄影：陈颂霖（二年级）

在强烈阳光照射下，莲花显得很亮丽，不过，在上一张中花的形状不算完整，可是很特别，至于美丽与否就见仁见智了！

学生作品：

夕阳无限好，只是近黄昏

摄影：谭泳霖（三年级）
主体太阳太正中，违反了构图学的基本定律。总体而言，曝光不足，有点阴沉的感觉，不过倒是符合题名："夕阳无限好，只是近黄昏"。

学生作品：

夜景

摄影：郑诺芝（一年级）
又是一张香港夜景，学生故意把水平线倾斜，这是很大胆的做法，一不小心就会破坏画面的平衡，不过这张照片还算成功，因为色彩很丰富。

学生作品：

题名：风景

摄影：杨政（一年级）
这两张照片对比强烈，一张大自然，一张城市风景，两张都凸显了光线的作用，海水的反光，对比建筑物的反光，相映成趣。

学生作品：

城市风景

摄影：柯蔚伦（一年级）

用十六张小照片组合成一张大照片，很有现代感，虽然
每一张照片的内容都很平凡，可是合起来却另有一种新
鲜感。我给她打了很高的创意分数，毕竟摄影也是一种
视觉艺术，创意是很重要的。

学生作品：

西贡（香港新界）

摄影：林晓钰（二年级）
学生把八张照片并排展出，内容一致，都是在西贡拍摄的风景，并列的好处是让读者感觉到内容丰富，虽然当中一两张有点瑕疵，可是总体效果良好。运用这种技巧是非常聪明的做法，让人眼睛为之一亮。

学生作品：

马鞍山单车径

摄影：彭德恩（二年级）
画面中有四只小麻雀，小孩子是被麻雀吸引了才拍的！这张照片表现力不足，因为麻雀实在太小了！可是我自己也拍过麻雀，用一般的小数码相机很难拍得好！这小孩子能在瞬间抓住这个画面，已经相当不错了！我鼓励他继续拍摄麻雀，总有一天，他会拍得很杰出！

学生作品：

猩猩

摄影：吴思蓓（二年级）
笼里的猩猩一副可爱的模样，很吸引摄影师的注意，构图紧密，恰到好处。同学还想象猩猩会讲话，模拟说道："你几时来看我呢？"充满童趣。

学生作品:

树根

摄影:罗欣灵(二年级)
树根拍得很清晰,构图也算完整,可是这些树根还称不上很漂亮,不过仍是一张合格的记录照,尤其,这个题材对于小学生来说可是很新鲜的。

学生作品:

瀑布

摄影:唐乐进(一年级)
学生到太平山顶看瀑布,可是瀑布看起来一滴水也没有。当我第一次看到这张照片的时候,不是很喜欢,不过它提供了一个想象空间,你可以试着想象,这座瀑布有水的时候是怎么样的。透过摄影训练小孩子的想象力,也是我的教学目的之一。

学生作品：

又一城的标志

摄影：增卓宁（一年级）
色彩鲜艳的鱼形，主体很突出！充满了构图感。这个学生很具备摄影的潜力，继续拍下去的话，未来会有更多优秀的作品！

学生作品：

花朵

摄影：庄宛桦（一年级）
学生说明自己很喜欢花，所以用照相机记录了最喜欢的花朵。学生个子小，所以用仰角拍摄，看这张照片的时候，我自己仿佛也变成了小学生，要抬头来欣赏这花。

学生作品：

将军澳

摄影：朱启宇（二年级）
这是个正在开发的新城市，学生把握了午后的阳光，让本来很平凡的一个开发区，变成一幅风景画。画面中的白云发挥了很大的作用。掌握时机是摄影的成功关键，这位同学做到了！

学生作品：

国际金融中心

摄影：陈卓浩（一年级）
作为建筑物的记录照，这张算是拍得很标准，几乎找不出明显的毛病，所以我说，拍得很好。

学生作品：
我的家

摄影：冯昕圻（一年级）
学生拍摄了自己的居住环境，是香港典型的新小区，七栋大楼挤在一起，往高空伸展，大部分香港人都居住在这种水泥森林中。这张照片拍得很清晰，而且以蓝天作为背景，甚至可以卖给房地产中介当作宣传之用。

学生作品：
澳门

摄影：冯博琪（二年级）
大概是因为学生没有广角镜，所以只能拍摄建筑物的局部，右边的树叶有点乱，不过仰角拍摄，建筑物仍然显得很有气势。

学生作品：

狮子会自然教育中心

摄影：陈婷蕙（二年级）

学生拍的第一张是红色的蜻蜓，虽然蜻蜓拍得很小，可是很突出，因为背景是暗绿的池水；构图简洁，红蜻蜓也很吸引人的目光。学生使用的是简单的照相机，所以没有用长镜头拍摄，但保留了环境的美。左边的小花衬托着红蜻蜓，很搭配。第二张拍的是向日葵，主体非常突出，右边角落有两个人，他们对画面没有帮助，应该避开。学生在突出主体这方面，颇有心得，值得称赞。

回应

参加林东生"媒体教育演讲"的感动——邱智豪

今天很多让我感动的事

特别是林东生老师提到："这次来台湾四十多场的演讲，深坑小学这场是最重要的

一场……"当一个人把他跟你的约会当作最重要的事时你有何感想？

我不是第一次听林东生的演讲，在书里在网上都看过他，今天是从

"他里面"来看他，他谈到许多教育的理念包括媒体教育，分享他的摄影作品

看见他的梦想与行动，看见他的专业与执着，看见他的信仰与关怀，看见他的纯真

与笑脸，看见他的创意与灵活，看见他的平凡与非凡

其中有几张照片让我印象深刻：一群年轻人对他们崇拜的偶像大喊"我爱

你"之后，画面出现印度、非洲、日本、欧洲等地区的穷人、流氓、老人

林老师随即问他们（也问我们）："你们爱他们吗？""大家都爱这些明星却没人爱

这些人，公平吗？"他不只关心媒体，关心教育，更关心"人"，他教书多年最

感慨的是唱牛班级，许许只能"教书"却不能"教人"！

总之，今天的相遇是很有意义的（连小学三年级的高同学都这样说），的确打开我们心灵的

另一扇门（如同慧美说的），相信这也是另一颗埋在深坑的希望树种子！

今天福隆黄校长伉俪也来听演讲，他很羡慕深坑小学有那么好的福气，有一群热心

的家长主动筹办各样成长课程，并大力支持学校的教育……我深有同感！看见家长

会、读书会、品格教育志工及家长们的用心与投入，孩子的未来真是有盼望！

当然不能不感谢校长及老师们的认真，校长及几位行政同仁是放下自己的事特别过

来参与支持的，听到林东生老师的精彩演讲后，实时跟他预约下次到深坑小学的时

间，最后敲定3／29（三）再到深坑小学，向老师们分享他的媒体教育理念与教学经

验，下次再会亦盼望老师能为"深坑小学"拍写真集！

p.s.感谢我们的慧美副会长——特约驻校记者，认真负责地记录学校的各项活动！

erichk于December17，200504:10PM回应|

感动的一个早晨

8点匆匆忙忙赶着小朋友起床去听另一种声音的演说

原本以为是来上数码相机操作跟方法

结果让我很讶异，林老师是这么特别

初看到他，觉得他很平凡，等到他把相片跟教育结合后擦出的火花

让人赞叹不已，有感于他的一句话（只能"教书"却不能"教人"）

好震撼的一席话，更喜欢他的相片：从快乐明星开始呐喊（我爱你）后面接乞丐，孤独，贫穷

林老师说：你会爱他们吗，其实我心里好高兴

往常到学校上课都是妈妈们，很少有带着老公跟小孩一起同行

今天带着8年级青春期少年跟4年级小女孩，不知道他看到这些相片的感想

虽然那位少年常常会口无遮言，那位小女孩坐在校长后面还在吵闹着

我觉得他还是跟我同上了这精彩的一课

谢谢林老师跟我们分享美丽的相片还有精彩演讲

雅惠于December17，200504:49PM回应|

在五毛七分写活动报道

这是第一次文章未写完，就先有回应

周六听完林东生老师的课

忙着赶一篇文章

周日上班，下班后赶赴妈妈的生日宴

回到家，再忙家事和报社未处理完的工作

深夜两点才能坐在计算机桌前赶完这篇报道

内心千头万绪，手边还有些笔记和数据来不及写进来

只因愈来愈多的人等着看五毛七分怎么写

我只能仓促写完这篇文章

写得愈多，愈觉得文章永远没有写好的一天

因为感人的故事还在继续诉说着
期待这个故事在明年春天，还有机会再写续篇
但希望更多的伙伴亲自来听林老师的故事
听他的梦想，听他说如何启发孩子们乘着梦想与爱的翅膀，勇敢地去飞翔
慧美94，12，19 tskesparents于December19，200509:20AM回应|

谢谢慧美
每次看到这些文章和画面都相当感动
岫文于December19，200512:45PM回应|

这个课程，虽然我只能听一小时，但在短短一小时的时间，让我感受相当深刻。
媒体教育就是"学习媒体，保护儿童"。这句话一点都没错。在以前，我想到
媒体浮滥，最好的保护儿童的方式就是响应"关电视"运动。没想到现在有更积极的
做法已经在推动了。经过老师的说明及阐述，我觉得确实台湾有太多太多的媒
体文盲（包括媒体制作者及媒体使用者），在一个资讯发达的时代里，确实制式的教
育已经远远落后于媒体，但偏偏传统制式教育方式却充斥在大、中、小学各个角落，
真的要改我看也很难，一想到这儿，就对现在的教育者们感到忧心及不舍。不过林老
师给了我们一个希望：他说台湾是可以有条件推动媒体教育的，因为台湾无法控制
媒体。想想，如果以后的人，能够更聪明地善用媒体，那么"媒体文盲"这个词就会
慢慢消失了。
这堂课里，我真的很羡慕香港这个真道书院的小朋友，因为现在的他们就
可以接受这自由开放的媒体教育。我家的小朋友一样的过动症，虽然吃了药，但他的
思考模式及反应一直很难适应高年级的进度与课程，每天看他懵懵懂懂去上课，写功
课写得不知所云，一天比一天不想上课，想到他的动力慢慢消失，我就感到很无
奈及感伤，我想等到学校开始有了多元化教学时，他大概也跟我一样童年已过，无
法享受这种自由开放的教学模式。即便如此，我依然肯定学校里的老师对小朋友的
用心及努力。
最后，我还是要跟林老师说加油！虽然您的媒体教育理念在某些因素下修
正为摄影媒体教育，但希望您能了解，在您传播这个媒体教育理念的同时，还是有
很多很多的人会受您的影响。虽然不能为您做什么，但在精神上，身为家长的我，
全力支持您推动媒体教育，加油！加油！　深小家长　罗淑贞2005，12，19
home9824于December19，200505:13PM回应|

打开五毛七分您可以听到电影《翻滚吧，男孩》的主题曲〈阳光〉
觉得这首歌的歌词写得很棒，尤其是"有梦就去追，不要觉得累"那一句，抄下来
与伙伴们分享：

【阳光】词／曲：何俊明 演唱：何俊明

早晨的路上空气很清凉像百合一样芬芳
过去的忧伤不要再去想要大步迈向前方
蓝蓝的海洋无限的宽广乘着风迎向海浪
自由的想象自在地翱翔我想要大声地唱

有梦就去追不要觉得累因为有你我不会疲惫
带着翅膀飞让我往前追勇气就会一路相随

美丽的早上充满了希望我想要和你分享
灿烂的阳光欢笑和梦想就要一起展翅飞翔

有梦就去追不要觉得累因为有你我不会疲惫
带着翅膀飞让我往前追勇气就会一路相随
有梦就去追不要觉得累路上有我与你相陪
带着翅膀飞让我往前追让我们一起迎接阳光
hueimei于December19，200507:17PM回应|

责任编辑：董　昱　龚威健

责任印制：闫立中

图书在版编目（CIP）数据

　　咔嚓！决定的瞬间 / 林东生著． -- 北京：中国旅游出

版社，2014.1

　　ISBN 978-7-5032-4899-3

　　Ⅰ．①咔… Ⅱ．①林… Ⅲ．①摄影技术－小学－课外读

物 Ⅳ．①G624.753

　　中国版本图书馆CIP数据核字(2013)第316175号

北京市版权局著作权合同登记号　　图字：01-2012-6974

书　　　　名：咔嚓！决定的瞬间

原 著 作 名：《喀嚓！决定的瞬间》

作　　　者：林东生

出　　　版：中国旅游出版社

　　　　　　（北京建国门内大街甲9号　邮编100005）

　　　　　　http://www.cttp.net.cn　E-mail: cttp@cnta.gov.cn

发行部电话：010-85166504/06/07/17

排　　　版：北京美光设计制版有限公司

经　　　销：全国各地新华书店

印　　　刷：北京顺诚彩色印刷有限公司

版　　　次：2014年1月第1版　2014年1月第1次印刷

开　　　本：1/16

印　　　张：9

字　　　数：40千

定　　　价：39.00元

I　S　B　N：978-7-5032-4899-3